財布は軽く、暮らしはシンプル、74歳、心はいつもエレガンス

小笠原洋子

はじめに

私は74歳でひとり暮らしです。年金生活を始めて、ほぼ10年たちます。たまに雑誌やウェブ媒体などに取り上げられることがある私の暮らしぶりは、わかりやすく言えば、お金をなるべく使わずに生きることです。幼い頃からすでに倹約家であり、考えうる節約をみな実践してきたことで、そのケチに満ちた暮らしを「ケチカロジー」と名づけるようになりました。私にとっては、節約暮らしはごく自然にできたことです。人と比べて嘆いたこともなく、むしろ、この生活を楽しんでいます。

今でこそ急激な物価高騰によって、節約をする人が増えたのではないでしょうか。そんな皆さんにも、この「ケチカロジー」という考え方が微力ながらお役に立てば何よりです。

私の提唱するケチカロジーとは、

・お金はかけないで、豊かに暮らす

・ものをとことん大切にして使う

・捨てる前に再利用を考える

です。

詳しいことは、本章で紹介していきますが、少しだけ例を。

お菓子の空き箱、皆さんならどうしますか？　私はこういったものにすぐ「使える！」というセンサーが働きます。そして、ただとっておくだけではなく、なにかに活用できないかを考えます。お惣菜が入っていたトレーも使い道があります。また、身に着けることがなくなったアクセサリーや洋服なども、とにかく再利用できるかを考えてみます。

すぐに捨てて、新しく買うのではなく、今ある役割を全うさせること。このような思いつきや工夫が身につくと、暮らしに弾みが出ます。高い服を買わなくてもおしゃれは叶うものです。私は、20歳の頃の洋服を今でも着ています。

また、私は「1日1000円で暮らす」というルールを長年続けています。お金の管理を単純化するため、1日お札1枚でやりくりし、超過したら翌日は買い物をしないだけ。簡単でしょう?


なお、ひとり身の私には、家族に代わるような心強い仲間がいるわけでもありません。ただ、幸いお金に「うとい」せいで、これまでは滅入るほど悩んだこともなかったのです。なぜなら、お金がないことで悩みたくないからです。

人から見れば厳しい節約生活に耐え続けているようであっても、最低限の健康維持に気遣いながら、節約の腕を磨いてきたつもりです。節約のための工夫、つまりどうしたら成り立たないはずの生活を、成り立たせられるか? それはマジックのようなアイデアを駆使した綱渡りのような生活をすることであり、私には意外にも楽しいことでした。

ひとり身であるメリットも、そこにあるかもしれません。自分さえ我慢すれば生きられる。いいえ、自分ひとりだからこそ勝手な生き方ができるという思いです。私にとってなにがなんでも必要なのは、お金よりも、ひとり暮らしを満喫させる心の活性化です。

貧しさばかりではなく、生きることは並大抵のことではありませんが、それこそが「生き応え」だと考えています。つらいこと、切ないことの多い世の中と人生とを渡る私の処世術は、その生きる苦難を、「生き応え」として逆手に取ることです。たとえ失敗したとしても、最後までこれが私の生き方だと思って、これからもつつましく懸命に生きていきます。

ぜひ、このリアルな暮らしを笑いながらでも読んでいただけたら嬉しいです。

小笠原洋子

もくじ

第3章　財布や環境に優しい「ケチカロジー」ライフ

第4章 「1日1000円」暮らしのリアル

第5章　お金はかけないセンスある「チープシック」

第6章　「おひとりさま」でいることとの覚悟

第1章
幼少期から刻み込まれた「ケチ精神」

両親から受け継いだ「節約」の心得

なぜ私は、「ケチカロジー」に目覚めたのでしょうか？　それには、生い立ちが関係しているのです。

私は7人の家族で育ちました。今の時代に比べると多いほうでしょう。4人きょうだいの末っ子で、5歳ずつ年の違う兄が3人いました。父は国家公務員でしたが経済的には並の生活だったと思います。それでも子どもたちに学齢差があるため、ほぼ20年間、親は途切れることなく、それぞれの進学のための教育費の支払いを余儀なくされていたことになります。兄たちは、修学年数が多かった医・歯学部に通っていたので、なおさらでした。

そんな事情もあってのことでしょう、両親は共に節約家でした。

明治生まれの父は、子どもの目からは家長然とした不動の構えで家庭経済と家族運営を主導していたように思います。けれども、母は少し違っていました。母は、関東大震災や、敗戦後の国民総貧乏時代は別にしても、私が生まれた戦後数年の時代や、物心ついた頃の社会的復興期にあっても、相当の経済的負担を背負いながら、家計のやりくりの担い手として、室礼《しつらい》も、装いも、食事内容も、私には貧しさの片鱗も感じさせず、むしろ子どもたちを楽しませることのできる、「節約じょうず」な人だったのです。


私はそんな母にくっついて、周りからお馬の親子と呼ばれるほど、母にほとんどをゆだね、頼り、依存していたため、自然と母の考えを踏襲することになったのだと思います。

母は、無駄遣いをしない、でもたまに高価なものを買う、忙しそうにしているふうには見せない、でも大家族への心配りにぬかりはない。私が外出時に転んでスカートの裾の縫い代をほどいてしまったとき、買った品物についていたセロハンテープを剝がして、「これで留めて帰りましょう」と余裕を見せてくれる人でした。さらに、生活のリズムも狂わせないほどの完璧な時間配分で、だらしない服装や格好を見たことがありません。また、男児の服装は青や紺、女児は赤やピンクとなぜか決まっていた時代、母は私にベージュやグレーなど落ち着きのある色味の服を着せました。母自身も、常に目立たない中間色の装いでシックに心がけていました。

そうした節約と装いを、母から肌で学んだ気がしています。

小学校低学年の頃、母から私名義の郵便局の貯金通帳をもらいました。

「お小遣いの中からあなたが預けてもいいと思う金額を、この通帳と一緒に毎月一度でも郵便局へ持っていくと、後からおまけ金（利子）がついて戻ってくるのよ。来年になれば、あなたの欲しいお人形さんが買えるくらい貯まるのよ」

物事の仕組みまで頭の回らない、おっとり型だった私は、手品のように不思議な通帳と、ちょっぴりのお小遣いを握って郵便局へと向かいました。現実離れの空想癖に満ちた性格の芽生えだったのか、魔法の通帳とお小遣いを持って毎月郵便局へ行くことが、幼い日の趣味となりました。

おそらく私は、人形を買うことより、なるべくお小遣いを使わないで、不思議な通帳の数字を大きくすることに熱をあげてしまったのです。それが巡り巡ってケチ道に入る兆しとなり、ケチカロジー発想の起点だったのかもしれません。

高校時代から感じていた老後の不安

大学卒業と同時に、家族と離れてひとりで暮らすようになりました。それが在学時からの夢であり、私の理想だったからです。

仮死状態で生まれた私は心身共にひ弱な女児として育てられました。なにか困り事があれば、周りがやってくれることに慣れ、「それでいいんだ、そんなものなんだ」と、自分はただニコニコする。子どもながらに私は自分自身をまるで他人事のように感じていたように思います。もしかしたら学ぶことさえ他人事のように思っていたのかもしれません。

しかし高校2年の終わり、成績がよくなかったことから「進級不可」を言い渡され、私はようやく自分自身と現実に目覚めたのです。その頃になって、家の外の世界がどんなに厳しく過酷なものか思い知り、内外のギャップに恐怖を感じるようになりました。結局、それも家族の尽力によって転校することで進級にこぎつけました。その後、無事に転校先の高校を卒業、大学へも進学できたのです。

やがて大学卒業を控えたあたりから「今、仮に家族を失ったら、ひとりでどうやって生きていくのだろう」と考え始めました。いつも誰かしら手助けしてくれる家族に、自分が依存しすぎてきたことも遅まきながら気づいたのです。

親はすでに高齢で兄たちとも年が離れていたため、老後の長い期間は、おそらくひとりで生きなければならないという予感を、私はこの頃から強く感じ始めていたのでしょう。しかし同時に、自分はひとりでなにができるだろうという強い関心と、なにかしてみたいというひそかな楽しみもあったのです。

「卒業したら、家を出ます」と母に宣言したとき、母は「そう?」と、表情を

変えはしなかったものの、喜ばしいような顔はしませんでした。頼りない娘がなにを言いだすのか…そう不安だったのでしょう。

ともかくも将来の希望などを話した後、「これ以上お母さんと一緒に居ると、私はきっとダメになるから…」と言ったときは、さすがに母の瞳が動きました。ただそれは一瞬であって、そこが我が母。私の言葉から、即座に私の理想や夢への意思を感じ取り、納得してくれたのです。信用された喜びと、その信用に応えることに私はありがたみを覚えたものです。

ようやく私は、ひとり立ちしたのです。

自立に欠かせなかった節約

しかし、です。ひとり立ちするということは、経済的に自立をしなければいけないということです。自分の能力の程度を学生時代、嫌というほど思い知った私。そんな自分の経済力を支えるのは、「節約」しかないと思い至ったのです。できうる限りの貯蓄もしなければいけないと思いました。それが23歳くらいの頃でした。

とはいえ、過度な節約はできません。ダイエットと同じで、無理が生じては本末転倒になりかねません。当初、1日300円生活からスタートしてみました。しかし、それでは「病気になってしまう」と兄に指摘され、500円生活にアップ。最終的に1日1000円がいちばん無理なく続けられると定着しています。

人生、なによりも大事なのはひとりでいられる自由であって、そのために、自分に見合った節約をしたいと思いました。無理せずちゃんと息抜きをすること。時には、アクセサリーが欲しいと何度もショーケースを見に行ったり、素敵なレストランでのお食事などでぜいたくをしてメリハリをつけてみることです。もっとも私は幼い頃から和食派で、生意気にも大トロが好物でしたが…。

さて、それから半世紀もの月日がたっていますが、おかげさまでこうして、ひとりでも生きております。

仕事に関しては、年金の受給年までは食べていくために働いたつもりです。私は20年間、美術館関係の仕事をしてきましたが、その定職を辞したのは45歳の頃でした。それ以降は、定職には就くまいと決めていたので、フリーランスの仕事やアルバイトなどをして、食べてきました。年金生活を楽しみに…。

年金は4万円足らず…最大のピンチ

私は65歳から年金生活をしています。無職と変わりないため、その当時からケチ道にも磨きがかかるようになっていました。なぜなら、いざ年金を受け取ることになったとき、その受給額の低さに愕然としてしまったからです。

若い頃は、老齢年金というものがどういうものか想像さえしないまま、将来の受給を心待ちに生きてきました。自分自身が納めていたお金ですから、それを返してもらうに過ぎないともいえるのに、まるで天から降ってくるかのように思い込んでいたのです。愉快なことに、だんだん年をとるほど、その受給額を知ろうとしないでいました。それほど楽しみだったからです。

ところが、年を重ねると、いささか不安になりました。それでも、実際の受給額を算出してみたのは、支給開始の少し前のことだったのです。

次第に濃くなっていった不安が、明確に数字で表れました。20歳から加入できる年金に、40代から納め始めた私は、それなりの額しか受給できないことも知りました。なんとひと月4万円足らずだったのです。

これでは、わずかな貯蓄を取り崩していっても生活は成り立たない。寄せてくる不安の波を、気持ちだけでも抑えるために、たまたま40歳の頃、掛け始めた個人年金に頼ることを考えました。60歳から70歳まで受給できるように申請していました。その間に人生も完結するだろうと踏んでいたのです。もし60代半ばで亡くなっていたら、半分損だろうくらいに浅慮でした。ところが69歳になって、私はまだしっかり生きており、個人年金も70歳で終了。慌てました。

でもとにかく集団で働くのが苦手な私は、再び社会に出ようとは思わない。この4万円でなんとか生きていくしかありません。

そんなわけで、私は自然と節約がライフワークになっていました。これまで以上に節約に磨きをかけるだけです。それでも暮らしをより豊かにしたいと、とにかくシンプルと心のエレガンスに努めてきました。無駄を切り詰めるようになり、そのケチがたまたま時代に合ったエコロジーにつながりました。そう、それが「ケチカロジー」が生まれたいきさつです。

私の暮らしが注目されるようになったのは、70歳を超えた頃でした。「ケチカロジー」という言葉で本の執筆機会をいただいたり、取材を受ける機会が増えてきました。

こんな暮らしが注目されるようになるなんて、人生わからないものですね。

第2章

団地での「持たない暮らし」

私が「もの」を持たずに暮らす理由

私の住まいは、東京郊外の団地群の一つで、高齢者向けの3DKの賃貸です。バリアフリー、緊急非常時連絡受信機、転倒防止手すりなどが設置されていますが、築40年に近いので、防音や防湿は不備です。最寄り駅からはバスで15分ほどかかりますが、バス乗り場には近く、また家から歩ける範囲内に大小のスーパーがあります。

私の住まいの基準は、とにかく「もの」を最小限にすること。室内が雑多に見えず、すっきりさせるのを理想としています。

定職に就いていた頃は、それなりに家具や服も持っていました。でも、大きな洋服ダンスを処分せざるをえなくなったあるとき、「ものから自由になる解放感」を実感しました。この経験から、徐々に私の持たないルールが固まってきました。

・不要なものを明確にし、なくても困らないものは処分を検討する
・必要なものが出てきたら、まずはあるもので代用する
・すぐに捨てずに、とことん使い切る

なぜものを減らすのでしょうか？　それは、ものへの執着から離れたとき、その空いた隙間を満たしてくれるのが、潔さという心地よさだからです。そしてこの、「持たないで生きる知恵絞り」によって、生活が活性化していくからです。

私が目指す精神の豊かさは、ものに縛られず、もの選びに煩わされず、必要不可欠なものだけで生きる倹約の隣にあるものだと思っています。

3DKに収まった暮らしをご案内

キッチンにはなるべくものを置きません。調理グッズや器類などはすべて備えつけの収納に収まる量にしています

キッチン横にあるリビングスペース（洋室6畳）は書斎です。デスクと資料などを置いています。食事は窓際の小さなテーブルでとります

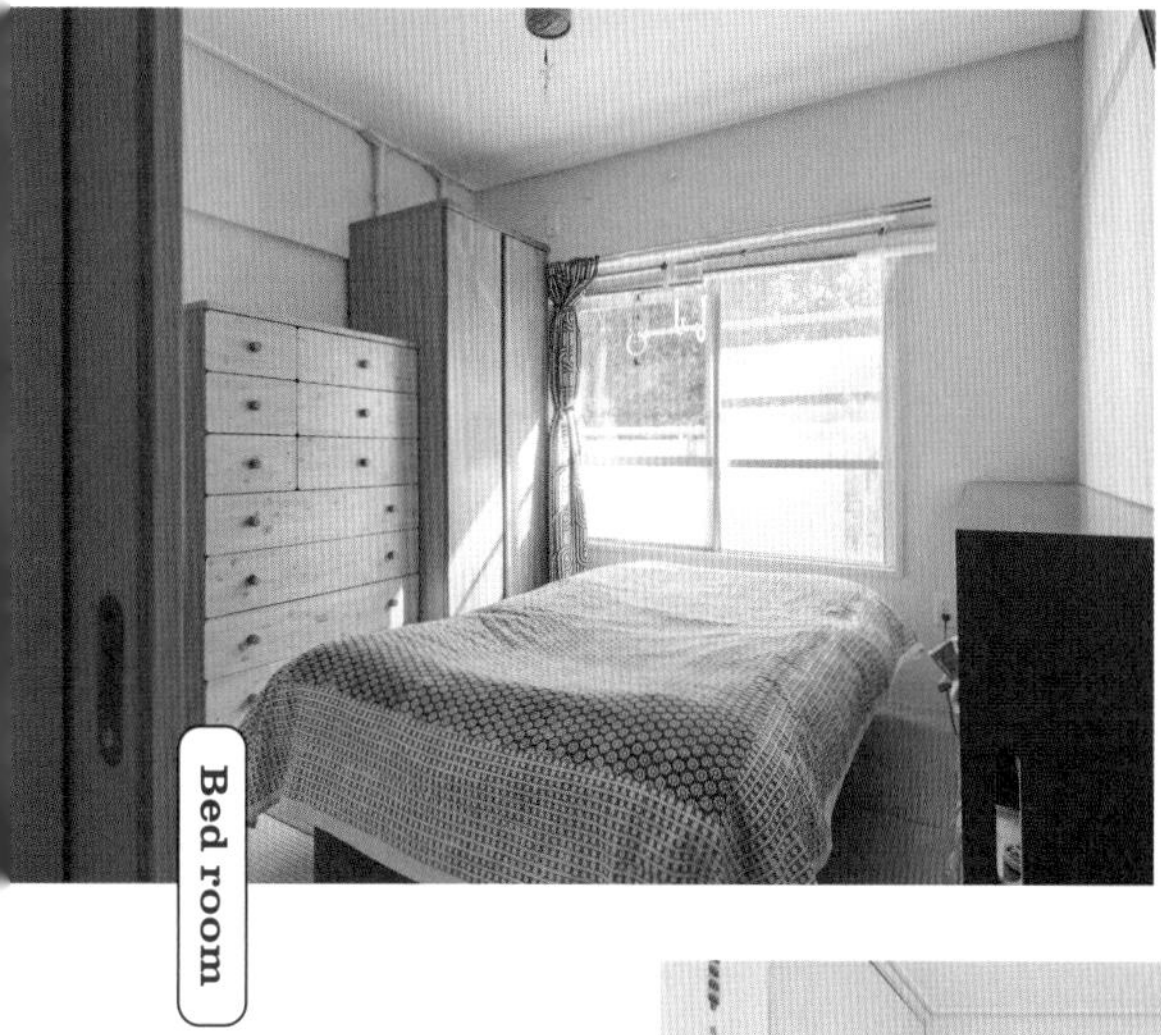

和室は寝室に。以前住んでいた家で高床として使っていた台をベッド及びサイドボードとして採用。タンスは兄の遺品です

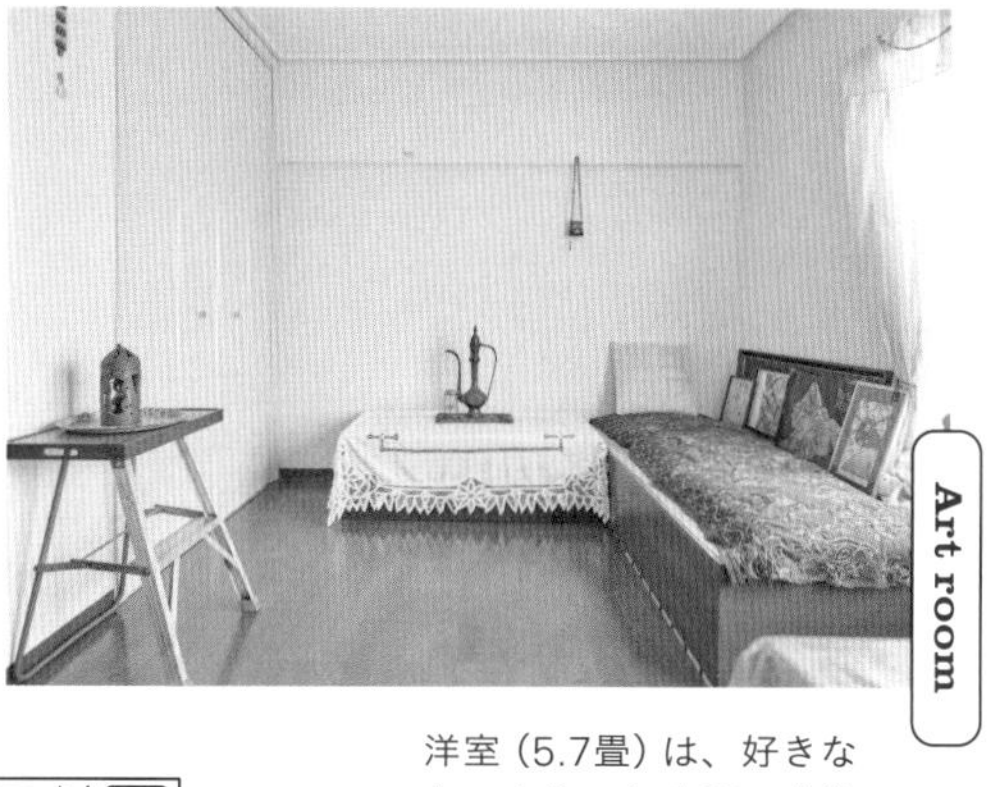

洋室（5.7畳）は、好きなものを集めた空間。美術品もちらほらあり、私好みの中東のテイストがちりばめられています。「ワタシギャラリー」と名づけました

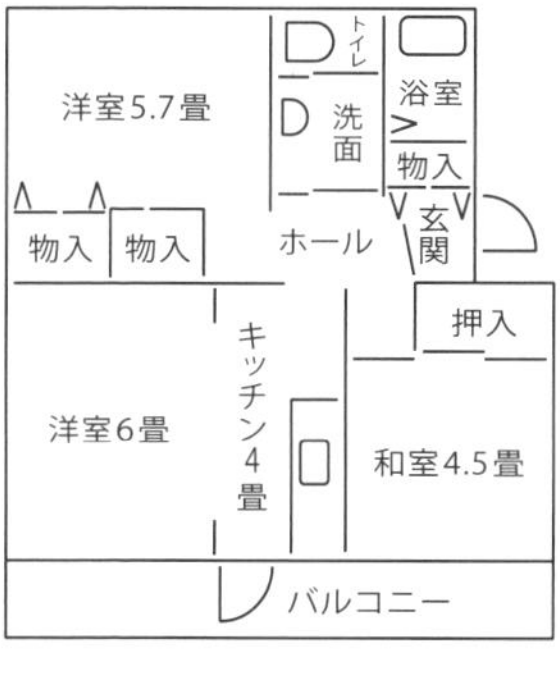

キッチン回りは最小限に。食事はお気に入りの場所で

南から光がたっぷり入る部屋にキッチンとリビングペースがあります。台所は狭く、食器棚などはとても置けません。キッチン道具や食器類は、備えつけの収納に入るだけ、というルールにしています。炊飯器もありませんし、余分な器類は欲しい方にお譲りしました。

また、カーペットもキッチンマットも敷かないので、床を広々と見せることができます。いちばんのメリットは掃除がしやすいことですね。

すぐ隣のバリアフリーでつながっているリビングルームは、他の部屋の住人

さんならここに大きなテーブルを置いて食事をしているかもしれませんね。でも、私はここに兄が使っていた大きめな机を置き、書斎としました。

となると「小笠原さんは、どこで食事をとるの…?」とお思いでしょう。そこで、古い籐のスツールを2台並べた上に、解体した本棚のボードを渡し、更紗のクロスをかけた食卓をつくりました。40年前に買ったこのスツールが好きで、座面中央が劣化して座れなくなったのに捨てずにいたことが功を奏しました。食卓としては低く、とても小さいのですが、「おひとりさま食」には最適。とかく携帯や眼鏡、鍵、雑誌など「ちょっと置き場」になりやすい食卓が、あまりの狭さで置けないため、おかげですっきり保つことができます。

その食卓はリビングの隅に、野原と林だけを望む我が家の〝絶景エリア〟に置いています。正面のガラス戸には、メモ用紙をさまざまな形に切り抜いてつなげたモビールが、カーテン代わりの目隠しとして、下げられています。

食欲のわく「絶景食堂」

窓際の小さなエリアを「絶景食堂」と呼んでいます。窓には自作のモビールを。食卓も、スツールを2つつなげただけの自作のものです

最小限の収納品

普段使う食器類は、キッチン下に収納。グラス類は兄がビデオデッキを収納していたガラス扉つき棚に入れています

家具類は自作かあり合わせ。買わないが鉄則

先ほどご紹介した自作の食卓のように、家にある家具の数々は、あり合わせのものです。ケチの暮らしは、まず「買わない」ことが大前提だからです。

さて、我が家の玄関には、天井までの戸棚が付いており、多くを収納できます。たたんだダンボールや防災ヘルメットなど。あまり靴を持っていない私は、この棚の一段に、使わなくなったテレビ台を入れて靴を収納しています。

頻繁に履く靴も、出しっぱなしは嫌なので、床に高さ10センチほどの台を置いて、その下に入れます。低い位置の台なので靴箱を置くよりは広く感じられ

ます。台の上には傘入れがありますが、竹編みのゴミ入れを見つけたとき、傘立てより安価なので、これを流用することにしました。傘立てのように水分には対応しないので、濡れた傘はしっかり乾かしてから入れます。

寝室である四畳半の和室には、先の住まいで高床式として用いていた3台のうちの一台をベッド代わりに置くことにしました。ちょうど身長丈だったのが幸いしました。そして3台中のもう一台は、横向きに立てると、サイドボードに早変わりです。ベッドとサイドボードが同じ素材で同じ大きさである点に、整美感があると思っています。

この部屋には兄が使っていたロッカー型の細長い衣装ダンスと、大小の引き出しつきの整理タンスが置いてあります。地震に備えて上下に転倒防止も備えました。

押し入れ内には、寝具と、衣類入れのプラスチック引き出しの他、非常時用の飲食品と、非常時持ち出しのリュック大小2つ。リュックに入らないものを、まとめて箱に入れた非常用ボックスなど。ここでの特殊な細工は、寝具の上の空間に、キッチン用具の網を平らに、押し入れ内の天井からぶら下げて、小物置き場にしたことです。この思いつきには、ひとりで手を叩いたものです。

次の北向きの洋室は、寒がりのため冬場は入室できないので、冷蔵庫代わりの食べ物の一時置き場にしています。それにひとり住まいには過分の一室ですので、長年飾ることもなくしまってあった絵や陶器なども並べ、「ワタシギャラリー」と呼んでいます。後ほどじっくり第5章で紹介しますね。

ケチが売りの自宅は、大した家具もなく、インテリアも古く、ほとんどがあり合わせリサイクルですが、気分に合わせて模様替えができ、好きなように暮らせるのがおひとりさまの特権かもしれませんね。

玄関はご覧の通り、頻繁に履く靴の目隠しを自作しました。
DIYというよりも、あるものを組み立てただけですが…

数ある引っ越し人生で、手放してきたもの

潔く手放してきたものの中で、いちばん存在感のあったのはタンスでした。

120センチの幅があり、衣装ダンスとしては大きめのものを持っていたのです。上下2つに分割でき、上段は両開きの扉つきで、中には衣類を掛けるレーンのついた一般的なタイプです。下段は2段構えの引き出しで、和服などが入りました。このタンスが、これまで繰り返してきた私の転居舞台のひとコマで、ついに廃材となってしまったのです。

ある日、小さなアパートに入居した際、玄関からこのタンスが入らず、窓から入れようとしました。が、窓と外塀が接近しすぎていたために、そこからも

入りませんでした。玄関先で、タンスに手をかけて私を見ている引っ越し業者を待たせたまま、ずいぶん悩みましたが、「無料でどこかに廃棄してもらえますか?」と、とりあえず口にしてみたところ、「待っていました」と言わんばかりにうなずくや、その場で即、両扉を開けるが早いか、それを後ろ側へ思いっ切りメリッ! バキバキーッと押しやって扉を壊し、あとは箱型の上下左右、バンバンバーンとバールで叩き、ビルの解体現場を見るかのような目もくらむほどの勢いで廃材にされたのです。

呆気にとられて見ているだけの私は、知らずにこぶしを握って力んでいたらしく、タンスが木片の山と化したのを見届けてがっくり力が抜けたものです。「下の引き出し部分だけは、部屋に入れていってね」。そう言うだけがやっとでした。

今は、その引き出しの天部に、かつて立派な総構えだった上部の痕跡を残して、一見チェスト風の居住まいでレースをかぶりたたずんでいます。今にして思えば、洋服ダンスがなくなったおかげで、洋服を増やすことができなくなったことは、節約には大いに役立つ破壊事件となりました。

手放すために、私がタンスよりも大量の涙を絞ったのは、書籍かもしれません。といっても、一掃した後の清々しさは、タンスも書籍も変わりなかったのです。私は、これまでに20回ほど転居を繰り返しました。かなりの放浪人生でした。10回目くらいのとき、大量書籍の段ボール箱詰め作業を放棄しました。その都度、手指をひどく傷めること、段ボール箱の積み重ねに腰を痛めることが大きな原因ではありますが、そうまでして、生涯書籍と連れ添って生きていかねばならないのかということへの疑問がのしかかったからでした。これらすべての書籍に示された知識が、自分の内面と一致しているかのように錯覚してはいけないとも思ったのです。わずかでも身になったものは、紙から心へとすでに移動しているはず。もし、もう一度読み返す必要があるからとっておくというのなら、書物積読という物質的な欲望でしかない。

いやいや、そんなことはないという大量の反撃を想定しても、私にとって、蔵書はもう無用だと判断したのです。実際、私が必要とする程度の再読なら、図書館を利用すればいいからです。

いっそう涙ぐんだのは、家族に買ってもらったものの廃棄でした。余裕のある家計でもないのに、親きょうだいが私のために捻出して、買いそろえた百科事典や文学・美術全集などは、今や買うことも売ることもできない代物で、その上、転居時の荷造りにもっとも難儀な重さと大きさと冊数。それでもこれらを全部捨てるには、忍びないものがあったのです。しかし捨てました。現在残る本類は、独学のための最低限の資料だけです。

他にも、食器棚や食器類、調理道具など、数々のものを私は捨てました。いちばん最近ですと、40年使ったワゴンテーブルを解体して捨てました。ボルトを失って取りつけられなくなった片側だけの扉。滑り止め具もなくして不安定な天板。足元の板は剝がれ、あちこちをぶつけて怪我した体。たったの1万円未満で買ったこのワゴンテーブルには、今でも感謝の念でいっぱいです。

持たない私の家に複数ある「鏡」

３ＤＫの私の家には、各部屋に鏡があります。二部屋には姿見があり、あとは顔だけ映る鏡を置いています。机のパソコンに向かっている時間が多い私は、とくにその場面が映る場所に姿見を置いています。机上に手鏡を置くこともあります。

私の兄はとてもおしゃれな人で、よく鏡に向かっていました。妹の私は、それほどおしゃれのために鏡は見ません。それでも、おしゃれな兄が「その日に着ていく洋服が気に入らないと出かける足が鈍る」と明かしたように、私にもよく似た感覚があり、大した場所に行くのでもないのに、その日の気分に合わないものを着ると、どうしても着替えたくなってしまいます。それはおしゃれの域を出た、気持ちを整えたいという願望なのかもしれません。

年をとって外出が激減した私が、今見つめる鏡はファッションショーのためでもお化粧のためでもなく、表情と姿勢チェックのためです。人との交流も滅多にない私に、そんなものがなぜ必要なのでしょうか。それは、外出予定がないときも、必ずその日の気分に合った服を着るのと同じように、口角をひどく下げたマズそうな顔つきや、眉間の不機嫌そうなミゾを、自分自身のために「普段着」にはしたくないからです。部屋を横切るとき、ふと鏡に目つきの悪い自分が映ったり、テレビを見ているとき背中が丸まっていたりするのを見つけては、正そうとしています。

外を歩けばウインドウなどに映った自分を発見しますね。髪や服装が乱れていたりするのを直すのと同じです。それから鏡は、室内を逆に映し出すことで、少しだけ住まいを客観視することができます。つまり鏡は他人の目であり、またはもうひとりの自分の目なのです。ひとり暮らしの私には、大事な目と言えるかもしれません。

できるだけ心地よい環境を整えることは、家の中の整理整頓だけでなく、心の持ち方や顔の表情にも関係すると思っています。笑うと脳が活性化するそうです。おかしくなくても、嘘笑いでもいいそうです。口角を思い切り上げることで、脳は反応するそうです。笑うとシワが増える？　でも私はシワ愛好者です。シミもできてしまった当初は、ケアを怠った自分に失望しましたが、数年たった今では、「愛嬌、愛嬌！」と言ってやります。

女優さん方の高齢期の顔が私は好きです。ご本人や関係者は、もしかしたら私の意見を快く思わないかもしれませんが、シワやたるみあってこその深い人間味が表現できれば、俳優として大物だと思います。彼女らは、おそらくよ～く鏡で心を覗き込んだことでしょう。そしてその年齢にしか表現できない心の様を、端正な顔立ちの上に載せたのです。

「うらむかふたびに　こころをみがけとや　鏡は神のつくりそめけむ」というのは、母が私に教えた和歌です。近年になって、母の遺品の中からこの歌の色紙を発見し、忘れかけていたこの歌を思い出し、変体仮名を一生懸命調べたものです。

鏡に向かうたびに（顔ではなく）心をお磨きなさい。鏡にはそういう効果もあるのですよ、とでも訳しておきましょうか。

廊下にある鏡です。ヘアアクセサリーを鏡の装飾にしてみました。なかなか気に入っています

60歳を前にして課せられた「実家の片づけ」

今でこそ、持たない暮らしが板についていますが、それは大がかりな実家の片づけを体験してこそでしょう。私が60歳になる前に、家族はそれぞれ独立したり亡くなったりして、実家を処分することになりました。ひとり暮らしになった病身の母と数年間同居し、母の亡き後、最後に残ったのが私だったのです。50年前、7人の家族が暮らし始めたこの住まいは、半世紀後にはガラクタで満ち満ち、その処分には相当なエネルギーを要しました。

私には、気軽に手助けしてくれるような友人や仲間はいません。人付き合いの下手な性分は、自ら「あくまでひとり」の人生を選択したせいでもありました。ここに至ったのは、私はなんでもひとりですることが好きな結果です。さあ、とにもかくにもやるしかありません。

第一に、家屋を解体するために家具を片づけること

第二に、土地を売却すること

第三に、自分の転居先を決めること

これが当時の私に課せられた仕事でした。

第一課題の、両親および兄ひとりの計3人分の、大量の細かい遺品を捨て、大型家具を処分すること。私がひとりで行ったことは以下です。

1 むやみに廃棄できず、裁断などを要する文書や証書などと、そのまま捨てられるものを分別

2 廃品を袋に入れたり、紐掛けして、ゴミ収集場まで運ぶ

3 大小多種の雑貨類を分別。それぞれの廃棄法の検索

4 3人分の膨大量の衣類、その他個人の書籍などの分類と廃棄

5 家電や応接セットなど大型家具の処分。それらを再利用できるか選別

それぞれ混在しないように一部屋にまとめ、私の力では動かせない家電や家具類は、引き取り業者に助けを求めました。各々の廃棄プランを練りながら、細かいものから開始し、半年かけて全部処分しました。その途上では、引き取り業者との折衝や、10畳分カーペットの扱いや、伸び放題のまま隣家を脅かしていた庭樹の伐採、板塀の倒壊、10か所に及んだ雨漏り、扉や窓のガラスが割れる事件やネズミの到来事件など、予想もできないことが起こりました。それらに対応するのには、それぞれ数日、数週間かかり、生涯であれほど身を削るような労働をしたことはなかったでしょう。じつはおもしろかったのです。

第二課題の土地売却は、不動産屋とできるだけ密に打ち合わせながら数か所の買い手候補から、一つの建築業者を選びました。土地の値段が下がりだした頃の時期に当たり、予想通りの安値でした。

そして第三課題。実家を売却したお金で購入する私自身の新居探しです。当時もう高齢だったこともあり、不案内の土地よりは、実家に近いところに住んだほうが地の利がいいと思いましたが、東京23区内では、手頃な物件がありませんでした。実家の遺品廃棄料に予想以上のお金がかかったため、捨てきれなかった家具などが残され、手の届きそうな中古物件でもワンルームマンションには、とても収まらない量だったのです。

そのとき不動産屋が、私にも買えそうな郊外の分譲団地はどうかという案を出してくれました。かなり遠地のイメージがある、しかも慣れない巨大団地などは、当初とんでもないと思ったのですが、見学も勉強だと思い直して案内してもらうと、なんと緑豊かな土地柄と、行政規模での林野の手入れ。じつに都会的な街並みと自然とのハイセンスな混合体に驚きました。

物件の広さも、改装されていた間取りも想像以上で、私には理想的でした。この地との遭遇は、まさに「出会い」だったのです。

マイホーム購入。10年で売却へ

実家から移り住んだ新居は、売り手である前住人が居住中、2DK分をワンルームにして、他に和室が一室あるという間取りでした。見学のとき私は、そのワンルームの広さが気に入り、特に一間分のウォークインクローゼットに障子の戸が連なっている点にときめきました。その6枚障子と角を接する窓ガラスにも、障子が重ねられて、ひっそり感を漂わせていたのです。

和紙のインテリアが好きな私は、ベランダ側のサッシ戸にも和室にも、和紙のローリングカーテンを取りつけました。照明シェードは旧宅で使用した竹製と、長年自分で愛用してきた提灯型の和紙です。和室の古い畳は新しいものに替える必要がありましたが、いつかは表替えをすることになる畳よりもコルクがいいだろうという案を取り入れて、わずかながらの弾力性と保温性のある床にしました。

入居のための内装整備のなかで、なによりも特異だったのが、三畳分の高床です。というのは、前の住人は広いフローリングリビングの中ほどに、こたつなどを置くためか、畳をはめ込んでいたのです。古かったので外すと、畳の厚さ分の溝が板間に掘られていました。私はこれを活用して、高さ40センチほどの台を置こうと決めたのです。腰かけにもなり寝転がることもできる台。いわば立体リビング化です。これを内装業者につくってもらうに際しては、三畳分の大きな台では力学的にひずみが出るため、3分割することになりました。つまり3個の台がリビングの高床部分としてはめ込まれたのです。

しかしながら、私は約10年後に、このマイホームを離れます。その理由は、一つ目にこの団地には評議委員会などという大層な連絡会があり、棟ごとに持ち回り式の委員が1年間、団地内のさまざまな話し合いやイベント開催や、連絡係として奉仕する決まりだったことです。各階段ごとの8室に住む住人が一グループになって、周りの草むしりや階段掃除の進行役になる任務もありました。

夏の草むしりや年末の階段大掃除などは、肉体労働ばかりでなく近所付き合いを密にする一策でもあり、私にはストレス以外のなにものでもなかったのです。居住中に2回評議委員を担った後、私は心身共に疲れ果ててしまいました。

なお退居理由の二つ目が、「固定資産税ゼッタイ嫌!」問題でした。私は自分の家となったものに対して、生涯税金を払い続けるというシステムをどうしても受け入れられなかったのです。その背景には、家は買ったものの、私が「我が家」というものに価値観をもっていなかったせいもあるのでしょう。前述していますが、学校を出たら、実家も出ると決めていた私は真剣な出家願望者であり、将来的に家族や家庭を営むという絵は描き出せなかったのです。少なくともそういう理想や夢はありませんでした。

過去に完結した「結婚生活」

マイホームと言えば、過去に私は成り行き上のことで、大学卒業と同時に結婚し、京都に住むことになりました。それは、相手の実家の家業を継ぐという職を得るためでした。じつに安易な決断で、出家願望とは矛盾するようですが、私の出家願望には寺に入って僧侶になることより、自立という意味合いが大きかったのです。

結果的に結婚と結びついた就職は失敗に終わりました。若気の至り。愚かな打算だったのです。その仕事を軌道に乗せられなかったことに伴って、10年後には離婚をすることになりました。

配偶者は結婚前から長年の友人であり、同居することも積極的になれない互いの生き方を理解し合っていました。そうであればこそ結婚時代もほとんどは別居状態であり、家庭を築くとか添い遂げるというような思いは互いになく、離婚時のトラブルもありませんでした。その当時、すでに相手の実家の仕事から離れていた私は画廊で働いていたため、自立も可能だったのです。

話が横道にそれてしまいましたが、そういうわけで一般的には人生の拠点となるマイホームそのものにも違和感があったのです。だからこそ、その後、購入した自宅もいい機会を得たと売却したのかもしれません。

理想の賃貸物件とは？

都会と田園が整然とモザイクされている、この町が性に合っていたので、次の転居先も近隣の賃貸団地から選びました。当時はすでに年金生活で貧しく、保証人もいなかったので、その条件を満たす住まい選びには、それなりに苦心しました。

分譲団地を購入した10年前は、この先何年生きるかわからないものの、予想寿命と購入金額を比例計算すると、賃貸より若干安上がりのような気がしましたが、10年後の転居時は予想寿命も減っただけ、賃貸のほうがお得かもしれないという予測めいた判断でもありました。申し込みから入居まで、待機に2、

3年かかりましたが…。

自宅を売った金額は購入時の7割ほどに下がってしまいました。それを使い切って人生が完了すればいいけれど、長生きをすればさらに困窮生活に陥るかもしれないことさえ覚悟するしかありませんでした。

そんな新居は、マイホームだった団地より駅からずっと遠かったのですが、下見に行って即決しました。その理由は、棟の裏に当たる南側ベランダの外に見えたのが、草地と傾斜のある堤で、風情があったからです。しかもよく手入れされており、一目見ただけで、どきどきするほど魅力がありました。

前住居の広いワンルームリビングを失ったことは残念でしたが、野原と林が南面全体のガラス戸を占める風景が手に入りました。そこに正面から向き合える位置に、机や食卓を置き、日々四季の広野を満喫しています。そう、まさにここが、今の私にとってのお城だったのです。

「私のこれまでの歩み」

1949 0歳 東京都で生まれる

1959 10歳頃 母より通帳を渡され、貯金に目覚める

1966 17歳頃 成績がよくないことから、進級不可を言い渡され、転校

1967 18歳頃 高校を卒業、大学に入学

1972 23歳頃 卒業後、実家を出て京都で結婚。別居婚で、家計も別だったのでこの頃から生活を切り詰めるため、1日300円生活に挑戦

1974 25歳頃 1日500円生活にアップグレード

1976 27歳頃 日本画画廊に勤務。翌年、現代陶芸画廊に配属

1982 33歳頃 離婚、その2年後に画廊を退職

1984 35歳頃
東京に転居し、美術館にて学芸員と大学の非常勤講師を兼務

1994 45歳頃
退職。以降、正社員の仕事はせず、アルバイト生活をしながら1日1000円生活を定着させる。フリーの美術エッセイストとして活動開始

2005 56歳頃
実家の処分、自宅を購入

2014 65歳頃
年金受給開始。あまりの低さに愕然とする。いっそう節約志向になる
自宅を売却、賃貸住宅に転居

2019 70歳頃
「ケチカロジー」という言葉が注目され、たちまちメディアの取材を受けるように

第3章

財布や環境に優しい「ケチカロジー」ライフ

モッタイナイ精神が身につく、ケチの心得

私は低所得者ですから、なんといっても人並みの衣食住生活はできません。皆と同じように、とは考えないのが「ケチカロジー」の心得です。しかし人並みに生活できないことを、みじめだとは思わないこともポイントです。そして、「ケチカロジー」の極意は、貧しさを生きるパワーに変える工夫でしょう。

まず自分が使えるお金は、1日いくらか？　私の場合は1日1000円ですが、皆さんはいかがでしょう。現実を受け入れるため知ることも大切です。計算して、ため息をついている余裕はありません。

限られたお金を最大限活かすため「なにを買うか」をよく考えます。今日い

ちばん必要なものはなんだろう。好物のケーキだとか焼き肉だとか即答しないでくださいね。時には栄養価の高いサツマイモを茹でて食べ、寒さに備えて漢方薬の購入に回したほうがいい場合もあるからです。

また、せっかく節約しているのに、「食品ロス」はご法度です。たとえば冷蔵庫の奥に、しなびたニンジンなどを見つけたら、その日のメニューはニンジン炒めに決定。残った野菜は冷凍です。さらに、歯磨き粉がないと慌てたときは、すぐ買いに行ったりしないでハサミでチューブを切断してみましょう。最尾部やフタの周りにも、ほら相当残っているでしょう？　これを歯ブラシや爪楊枝で取り出せば、少なくとも5日分にはなりますよ。

そんなふうに、なにか他のもので補えないかと探したり、考え抜くのです。普段見逃していても、自分の生活圏ですからじつはわかっているはずで、なにかしら見つかったり、思いついたりするものです。そんなことでも脳トレになりますし、探しながら片づけに結びついたりもします。もし、やってみようという意欲が出ましたら、それを持続させ、発見の喜びを一種の活力に変えていきましょう。

生活の中には「まだ使えるもの」が満載

ここからさらに、「ケチ」の本領を発揮してみせましょう。

まず、買い物から帰ると、私は食品類の包装を取って冷蔵庫に入れます。そのときに外す輪ゴムや接着テープや値札シール、透明ラップ袋に至るまで捨ててはいけません。所定の場所に保管します。

輪ゴムは引き出しで、袋類は籠の中、テープ類は台所横にある冷蔵庫の側面に貼りつけていきます。本当は冷蔵庫にマグネットやメモ紙を貼るのはよくないそうですけれど。

こんなことまでする理由は、輪ゴムもセロハンテープも保存用袋も買わないことにしているからです。たかがセロハンテープ？　されど…です。なぜなら買ってきた食品のパッケージから剝がすテープは、すべて活用できてしまうほど便利だからです。つまりは大いなる節約精神なのです。

すでに使われた接着テープの用途はさまざまです。使い残しの食材、たとえば野菜の半分を、紙やビニール袋に入れて再保存するときに仮留めしたり、生ゴミをできるだけ小さくまとめて捨てたりするのにもテープが役に立ちます。きれいに剝がせたテープは、書類の封筒を留めるなど、文房具にもなります。

これらの他に、スーパーの荷台に設置された薄いビニール袋も、帰宅後専用の箱（これも食べ終わった食品の箱など）に入れて収集しておきます。水をしつかりきった状態の生ゴミをこの袋に入れてから、自治体の指定である有料ゴミ袋に入れます。こうすると非常に小さくまとまり、ゴミのカサを減らすことができます。

また3パックセットの納豆や、同じく小型豆腐を3個重ねた透明包装紙は、食べ終えてヌルヌルとしたパック納豆の容器を、四つ折りくらいに小さくまとめるときに役立ちます。このときも剝がした接着テープはなくてはならない逸品です。

また、私はまな板も持っていませんが、その理由は、牛乳パックの裏やお菓子の箱裏などをまな板代わりに使えるからです。ゴシゴシと洗剤をつけて洗う手間が省けますよ。

味噌やもずくなどが入っていた透明容器も、捨てるのはもったいない。調理中に切った野菜を鍋に入れるまでの数秒でも数分でも、仮入れするのに大活躍。他にカップから出したティーバッグを、ちょっと置いておくのにも便利ですし、フタをすれば冷蔵保存に便利です。歯磨き用のコップにしたこともあります。形によっては、果物など入れてテーブルに出しても、意外としゃれた器になります。再利用した後はゴミ箱にポイです。

その他にも、再利用品をあちこちで使っています。

センスのよいショップカードは、洗面所のコップコースターに。ほとんど着けなくなったアクセサリーや和装用の髪飾りは、壁飾りやバッグアクセサリーに。洋服の裏地や付属品の余り布はスカーフに。折れた傘の柄についていたリングを、チャームにしてはめていたこともあります。

家具の廃材はテーブル代わりに、テレビやコピー機置き場に、玄関の靴置き場に。彫刻などのあるきれいな木材は飾り板に、竹はハンガー代わりに。お菓子などに入ってくる乾燥剤はお茶筒の中に、使い切りカイロは衣類の引き出しや、布団の間や、使わないバッグの中や、靴箱に入れています。

洋服も同様です。古くなった肌着などはすぐに捨てず、切り刻んで拭き掃除や、靴磨きに。チラシや新聞は、調理台の上に用意しておけば、たとえばお魚などの下敷きになったり、野菜を包んで冷蔵したりとなにかと利用価値あり。きれいな包装紙はランチョンマット代わり、グルメなチラシを敷けば、それもおかずの一品として食べている気になったりして。

いずれにせよ捨てるとき、これは再利用できるか、まったく使いものにならないかを見極めることが大事ですね。くれぐれもいらないものまで、とっておかないように。

捨てずに活用！ケチカロジーの技6連発

冷蔵庫の横にこうして貼ってあるのは再利用するためのテープやシール類。取り出しやすいのでサッと使えます

食品についてくるタレやソースも、保存して余れば使い切ります。取り出しやすいように豆腐の空パックに入れています

食品パック類は洗って一度使ってから処分します。保存容器にしたり、調理中、切った材料の一時置きにできるので便利です

木彫りが美しいマガジンラックの持ち手だった竹棒は紐で吊るしてふきん掛けに。不要になっても、いいものには第二の人生を与えたいのです

ビニール袋を保管しているのは、気に入った食品の箱です。底もカットして、上から順に取り出すのがポイント

ティッシュボックスは買わないので、室内ではトイレットペーパーを活用。むき出しは嫌なので、お菓子のパッケージや箱に入れます

食品ロスとは無縁。生ゴミの出ない生活

「生ゴミが多いなぁ」と思うことはありませんか？

生ゴミの量は食品ロスにもつながります。最近、地元のタウンニュース紙に、ロス削減の記事が出ていました。『買いすぎゼロ・つくりすぎゼロ・食べ残しゼロ』の推奨です。自治体ではゴミ処理によほど困っているようで、路線バス内では「生ゴミを減らそう、水きりをしよう」という放送が流れます。

年金暮らしであまりものを買えない私は、ほとんど買いすぎがなく、少ない量の食材でやりくりするのでつくりすぎもなく、ケチな私には食べ残しなどもってのほかです。

お茶を飲めばその葉を食べます。大根やニンジン、リンゴはむろんキウイや柿の皮、キャベツの芯、それにスイカの白い部分、またはゴーヤのワタやピーマンの種、焼き魚の頭など食べられる限りは骨まで食べつくしますので、ゴミは微量です。ジャガイモの皮をむくときは、流しに直接皮を落とし、あとは指でつまんでゴミ袋に入れるので水分はほぼゼロです。

ティッシュペーパーもゴミを膨らませる要因なので、買いません。汚れを拭く場合はなるべくふきんを使ったり、必要な分だけちぎれて、水に流すこともできるトイレットペーパーを代わりに使っています。汚れたプラスチック容器などは、切り刻んで捨てるとかさばらず、チラシなどは資源ゴミに出すので、生ゴミになるものは少量で済みます。

また、流しに、生ゴミ用の三角コーナーを置きませんし、台所には調理道具も少なく、大小の鍋とレンジ対応の一合炊き釜くらい。ザルは大小ありますが、お玉はレンゲで代用します。ひとり暮らしにはそれで十分です。そんな私がよく使うのが、切れ味抜群の調理用ハサミです。包丁も持ってはいますが、いちばん使うのは切れ味のいい果物ナイフとこのハサミです。

食器もわずかで、飯碗と汁椀、大小の小鉢と中小のお皿くらいです。食生活に器は欠かせませんが、戸棚を食器でいっぱいにするのも地震の際、危険です。大小で5器ほどが入れ子になった木のお椀を、マイ食器とする僧侶に憧れる私は、いつかその程度に収めたいと夢見ています。食器は調理道具と共にシンク下の収納に収まっています。

ものを少なくすると、今あるものを大事に扱うようになったり、大切に食べ切ったりして、物品ロスや食品ロスが減るものです。

キッチンバサミは大活躍。食材は、ほぼほぼ全部食べ切ります

食材は無駄なく、料理も手間なく

私の食生活は、栄養価重点主義です。好き嫌いがなく、幸運にもアレルギー反応も出ず、なぜだか口にできるものはおいしいと感じる…もしかしたら、都合のいい味音痴なのかもしれません。ですから、今日はこれが食べたいというより、直近の食べたものを思い出して、不足している栄養素の含まれる食材から、翌日の食事に決めるのです。前夜に決めておくことが大事です。切羽詰まって調理を開始すると、そのときに食べたいものを選んでしまうからです。前夜から脳内を、煮豆や焼き魚に設定しておくことが、よろしいと思っています。なかでも、もっともケチカロジーに徹した食事が「永遠のひと鍋料理」です。

たとえばサケなどの魚や卵、豚肉などのタンパク質源と、ニンジンやコマツナなどの緑黄色野菜を中心にした食材をセレクトしたら、ポンとお鍋に入れて茹でるだけ。私は超薄味派で、ほとんど調味料なしで食べることができます。食べ終わると、具材から出ただし汁が鍋底に残ります。あるいは食べ切れず、野菜や鶏の骨などが残ってしまったりします。それはお鍋に残したまま、冷蔵庫に入れます。

翌日、この残り具材入りの汁を火にかけ、昨日入れなかったアジやアサリ、キノコ、またはワカメなどを加えるのです。さらに翌日は、厚揚げを、キクラゲを、またその翌日はイモや豆を。そのように日々、同じ鍋に投入していくことと、簡単な副菜を補うなどして栄養価の安定的供給と、毎日は洗わずに済ませる節減と、濃厚オリジナルだしの自然製造を満喫するという手です。

ただし、これはひとり者でなければできにくい食事法です。何日も同じ鍋を使うことに抵抗がある人もいるでしょうし、夏場は要注意です。それでも、私にとってこれは孤食家であればこそできるご馳走なのです。ネガティブなイメージを漂わせる孤食の切なさを、愉快に変える一案は、この「永遠のひと鍋料理」を発案するようなところにあるのではないかと思います。

料理本を買う必要はないのです。まずは手に入れやすい食材をシンプルに茹でる、煮る、炒めるなど試してみましょう。あまり調味料を加えず、ジャガイモそのものの味を、改めて知ることだっておもしろいものです。次にイモにカツオ節をふってみる。あるいは粉吹きイモなど思いつき料理を、お鍋からチョイと試食し、大満足にほくそ笑む。気に入った小鉢に盛ってちょっと鑑賞してみる。そうだゴマ油と塩なんかかけてみようかなぁ〜。立ったり座ったり、熱心にイモと取り組む。こういうことができるのが孤食ならではの醍醐味です。

1
初日は、栄養視点で決めた材料を鍋に投入。味つけは納豆のタレで。野菜から出た水分でじんわりだし汁が出てきます

↓

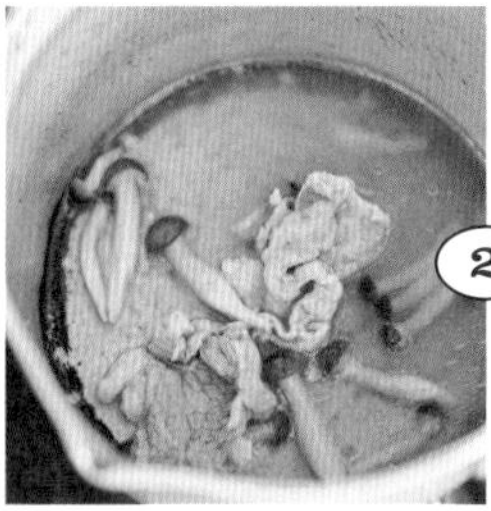
2
この日食べるのは具材のみ。食べ切れなかった具材、だし汁は冷蔵庫へ

↓

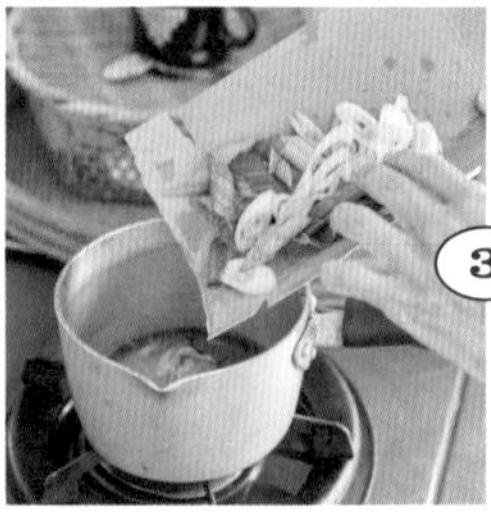
3
翌日、新たに材料を加えます。日を重ねるごとに、深みのある味になります

永遠のひと鍋料理、その一例

1日目

材料は豚肉、キノコ、オクラ

2日目

コマツナやちくわを追加し、スープ仕立てに

3日目

タラと長ネギを追加。青い部分もいただきます

20歳の服を70歳過ぎて着る

70代半ばの私は、ここ数十年、外出着を買ったことがありません。

ただし、ちょっとそこまで行ける程度の普段着は、数着買った記憶があります。最後に買ったのは、300円のカーディガン。その前に買ったセーターも300円で、店舗軒下のぶら下がり商品か、またはリサイクル品でした。そういう服でも、よほど気に入らなければバッグから財布を出しません。そうでないと、「安い」を理由に、歯止めの利かない「銭失い」になるからです。

掘り出し物を見つけても、売れてしまわないうちに買おうなどとは考えず、必ずその場を去り、他の買い物めいた商店巡りをした後、やはりあれはいいと思えば戻って買うか、歩き回っている間に忘れてしまえば、無縁の品としてもう思い起こしません。私がいちばんホッとするのは、戻ったときには売れてしまっていることです。これ以上、「ケチの愉しみ」はないでしょう。

ところで私には、大事にしているハーフコートがあります。ひと冬に一、二度しか着ないようにしてきた一着です。先般、秋口の晴天日に、そのコートを干そうと思ったところ、袖で隠れた脇の下に残るコート本来の色と、表に出た袖や身頃は色や風合いまでが違っていて、歴史を経たのだという現実を思い知りました。じつはこのコート、50数年前の成人の日に買ってもらった一着だからです。

私は、少女時代からモッタイナイ主義で、成人式に晴れ着はいらないと母親に申し出た子どもでした。当時は貸衣装が一般的ではなく、祝い着として娘にあつらえるのが私の周辺では普通でした。母は私の逆説的申し出に、興味を示して「どうして？」とは聞いたものの、しきたりうんぬんだの、皆がするようにしたほうがいいなどとは言いませんでした。

「だって、それ、成人式の後、生涯に何度着るの？　いつ着るの？　モッタイナイよ。それに私は成人式には出ないから」

実際、式には出ませんでした。晴れ着がないからではありません。最初から出ないつもりだから、いらなかったのです。同じような振り袖というユニフォームを着て、ワーワー騒ぎの一員に同化しなければならないことへの抵抗感。それだけの理由です。結果、成人の日を迎えるに際し、私のお願いとして買ってもらったのが、いつもよりはちょっと高価なハーフコートだったのです。半世紀の間、とくに正装したい日にだけ大切に着てきた一着は、布地の劣化によってそろそろ近所の買い物着程度に格下げになりそうですが、私にとってはどんなにお得な一着だったでしょう。銅は金に勝る——なのですね。

服がたくさんあるのに、「着る服がない」というお声を時には聞くこともあります。それこそまさにモッタイナイです。そのためには、自分がどんな衣類を所持しているかを把握することです。

私の場合は、衣類整理リストをカード化してわかりやすく管理しています。

この衣類整理とは、高校時代の家庭科の授業で習ったもので、年間いかに手際よく衣類を着ていくかを考える整理学のことでした。これを思い出し、コートやセーターなどそれぞれを、別のカードに書き出してみました。

ワードローブをなるべく少なくするためにも、カード化しておくと服選びに迷うことはありません。たとえばカードを見れば、衝動買いして着ない服をチェックすることもでき、その服の着こなしを考えてみることもできます。好きな服ばかり着ていると、くたびれてしまうので、長持ちさせるためにはワードローブの中でまんべんなく着回しをしたいものです。

お金同様、管理しやすいというのは無駄を生まず、いいことずくめです。

遺品を最大限活用する

紹介してきたように、私の住まいは家族の遺品で成り立っているといっても過言ではありません。ひとり立ちした頃から床面を広くして暮らしたいと思い続け、家具や調度品、飾り物を減らすことで、身の回りの簡素化に心がけてきました。ものは心をとらえて興奮させるけれど、必ず飽きるものです。そして新しいものを求めてひたすら増殖するものでもあります。

ですから私の場合、あちこちにしまってあった美術品などは一つの部屋に集約させて、他の部屋にはできるだけ置かないことにしたのです。その他にも遺品は、我が家にたくさんあります。使いこなせるものはフルに活用します。

・母の遺品

私の母は、〝六十の手習い〟で袋物教室に通い始め、数年後に師範の免許を取って手芸教室を開きました。そのせいもあって、手芸品材がたくさん残ったのです。もっとも目を楽しませてくれるのが、大量の布地でした。リヨンで織られたゴブランなど高価な布は、関心を示された知人たちに差し上げることもできましたし、私自身のつたない〝手慰《てなぐさ》み〟になりました。たとえば佐賀錦を額に入れて飾ってみたり、金糸銀糸で織られた布は、好きな形に切って壁掛けにしたりしました。

その母は、私とは違って、高齢になってから何着かの外出着を購入していました。高齢であればこそ、安っぽい服装は、より貧相に見せるものだという考えで、比較的長持ちする服を選んでいたようです。幸い母に近い体形の私にはどれも着ることができ、これほどありがたい遺品もなかったでしょう。

他にも細かいものが遺されていました。普通なら捨ててしまうような文具類なども、私には重宝でした。私の好きな板状のガラス製文鎮、切れ味抜群のハサミ、大量のサインペン、しっかりしたプロ級メジャーや物差し、何パックものセロハンテープなど、多種にわたります。

調理道具でいえば、金ザル大小10個近く。ゴミ入れ袋10袋近く。洗剤類。お玉の穴のあるなし、大小数種。菜箸数十本入り数袋。まな板4枚…などなど。

どれもが品質もよく、長持ちするものばかり。母の遺したものには本当に助けられました。

・兄の遺品

遺品中の大物は、なんと言っても兄が遺した家具です。タンス二棹と小さめの棚などです。とくに、タンスはありがたい収納家具でした。

そして書斎にある大きめの机と椅子です。私はまともな机を持っておらず、食卓と併用していました。幅120センチあるその机は、私から見れば立派すぎるものでした。机上一面に傷を防ぐ保護用ゴムが敷いてあるのも、役立っています。

椅子は、ビロード張りのリクライニングで回転式、キャスターつきの木製です。座面の上げ下げも可能で、もしこの机と椅子がなければ、私には本を出す

 こともできなかったかもしれません。とても落ち着く席です。

遠出よりも、近所の散策を

ケチの基本はなるべく出かけずに、「おこもり」をすること。ただし、運動不足にもなりますから、運動がてらの外出も必要です。といっても、交通機関を使わない、もっぱら近所旅です。遠出すれば膨大な交通費がかかってしまいますから…。それに、気がつかないでいた地元の細部の発見も喜びの一つです。

昼食後は、眠気覚ましと散歩を兼ねた気晴らしで、3〜4時間歩くこともあります。高齢者が多いと言われるこのエリアは、ありがたいことにあちこちに休憩所が設置されています。遊歩道には自然石があったり、各地に陶の椅子が並べられたりしています。そんなところで私は手持ちのお菓子や水道水を入れたボトルで水分補給をしています。休んで元気になったら、また腕を振りながら元気にウォーキングを再開。旅人になったつもりで、いろいろと目を凝らしながら散策してみると、新たな発見をするものです。

それから外出ついでに、ちょっとスーパーに立ち寄ります。「買わないぞ〜」をモットーに、一つだけは買おうと各店舗を物色するのも一興です。

帰宅後は、かなり早い時間帯に、簡単夕飯です。「変わった習慣かな?」と思っていましたが、節約上手のドイツ人の一般的な夕食の例を知って、安心しました。夕食をシンプルにすると、光熱費の削減と共に後片づけが超ラクチンですよ。

お金を使わなくとも、こんな楽しみを知るだけでも、「生きがい」を感じます。

第4章

「1日1000円」暮らしのリアル

お金は困らないくらいにあれば十分

私は長年、節約暮らしを続けており、1日1000円で生活をしています。そのルールを外すことはめったにありません。このような暮らしをしていると、お金への執着心が強いと思われることでしょう？　ですが、もしも「お金は好き？」と問われたら、「いいえ」と答えます。

「じゃあ、いらない？」と問われれば、「いいえ、必要不可欠で、なければ生きていけないものだからこそ、好きじゃないのです」と答えます。

私は低所得者ですが、お金には「困り」たくないのです。普通はお金に困ると言うと、もっとお金が必要ということになりますが、私の場合は、とにかくお金のことで悩みたくないのです。できる限りの対策を講じて、お金から解き放たれた精神生活がしたいのです。お金のことばかり考えて、お金中心の人生を送るのはモッタイナイと思っています。

もちろんお金はないよりは、適度にあるのがいい。住まいは雨露をしのぐ程度でいいし、日々食べていければいいというのが理想です。もう少し理想を加えれば、老いたとき困窮しない程度が最高です。お金が入ると、ほとんどが「もの」に還元されてしまいます。食べ物なら脂肪が体につき、ものなら家の中に蓄積します。だから困らない程度がいいのです。

ところで老後のための貯蓄に励むことは意義あることですが、子孫のために財産を残すことは、必ずしも最良のことではないように思います。多すぎる財産をめぐるトラブルは世の中に少なくないでしょう。私の父はといえば、自他共に認める「児孫のために子に美田を残さず」タイプでした。そのため、私たち子どもたちは懸命に働きました。それでいい場合もあります。

そんなわけで、私は必要最小限の暮らしを日々心がけて、お金に支配されないようにしています。

1日1000円生活の内訳

ではここで、1日1000円暮らしをどのように行っているのか紹介します。

私のお財布の中は、1000円札で7日分の7000円と予備金が区分して入れてあり、買い物にはお札1枚まで使えるというルールにしています。ただ、予備金は入っていることを忘れているくらい、滅多に使うことはありません。

これらは食費と雑費です。家賃や光熱費はここには含みません。

とはいえ、絶対に1000円以上使わないというわけではありません。それでも、毎日メモしておく出費額を月末に算出すると、1日平均約1000円になるので嘘でもないのです。たとえば2000円使ってしまった日の翌日は、買い物に行かないというようなやりくりをすることがケチカロジーの一つです。

ひとり暮らし1か月 支出リスト

ガス代	約2,000円
水道代	1,850円
電気代	約2,000円
通信費 （スマホ・ネット回線・受信料）	10,000円
保険料（健康保険・介護保険）	6,000円
食費・雑費	30,000円
交通費	約500円 （たまに外出する程度）
交際費	ほとんど0円
医療費	約1,000円 （歯科検診と常備薬）

家賃は、低所得者向けの軽減賃料として収入に応じて変動があるため、月々の支出に含んでいません。また、万が一のために生命保険にも入り、いざというときに備えます

物価高騰、最大の危機？

1日1000円でやりくりするのに、昨今の物価高騰は今まで以上に危機感があります。それでも振り返れば、私は世情にうとく、経済に無知でしたから、どんな危機的状況にも鈍感だったのかもしれません。ですからこれからも、世の中がどうあろうと、ただひたすら1000円生活を守っていく予定です。

しかしながら、ちょっと買い物に行くと、レジで「あれれ！」と思うほどの高額になってしまうので、このところ1000円を超過してしまう日が増えてきたのが正直なところです。そこで、翌日は「おこもり」作戦。あるいは商店街からできるだけ離れた、それでも歩いて行かれる緑野を散歩して帰るだけです。

長かった夏の後、上り斜面の坂下から群れなす林を見上げるときなど、思わず歩みを止めるほど、絶妙な秋色をまとった梢と、その葉隠れから見え隠れする秋の空に、深い詩情を覚えたりします。どういう思し召しなのか、都内でありながら、あちこちに見知らぬ旅路が隠されているこの郊外に、私は20年前から住まうことができました。巨大団地群の中にあっても、間違いなく不思議な安らぎの一隅なのです。

ここで一句ならぬ〃一苦〃。

「財布寒くても愉し　杖をついても嬉しい　冬の道」

私の場合、こんなふうですから、「昨日は1000円を超過したから今日は買い物しない！」と気張るのではなく、ごく自然に、そう振る舞っているという、のんきな倹約家なのです。これこそ、まことの安上がり人生なのかもしれません。

予算を守り抜く仕組み

お金の管理は、じつにシンプルです。

１日１０００円でやりくりしているので、１週間分の予算が７０００円ということになります。気持ちばかりのおまけをつけて、１００００円をＡ銀行から引き出します。それを両替し、全部１０００円札にしてお財布に入れます。１日１枚と決めておけば管理がしやすいからです。

お財布には、７日分のお札の他に、クリップ留めした予備金が入っています。しかしこの予備金の存在はあえて忘れるように自分を仕向けています。もちろん財布が空になったときに慌てないための予備金ですが、つい買いすぎてしまったときでも、すぐにはこの予備金のクリップはなるべく外さないのが決め手です。

こうして1000円札1枚で、1日の買い物を完了させます。

先に述べたように、超過することもあれば、余ることもあります。かつてはおもしろがってよく余らせました。たとえば900円しか使わなかった日の翌日は、1100円使えることになります。

それでもいいのですが、帰宅後レシートを確かめたら、余り金100円をポイと机の引き出しなどに放り込んでおくのです。これを思いがけず発見したときの喜びを味わうため、できるだけ財布に戻さないのも手ですよ（笑）。

いつも持っているのは、7日分の予算と予備金。オーバーした日はその他の日で帳尻を合わせる。1か月平均1日1000円が守れればOK!

お金持ちになりたい？
それはありえません

予期せぬ大出費も発生するものです。ある日、たとえば真冬にストーブが壊れて買わなければいけなくなったり、あるいは風邪をこじらせてしまい、医者に行かねばならなくなったりします。そこで、普段は使わないB銀行の出番です。でも、財布の予備金同様、B銀行にも安易に頼らないよう、なるべくその存在を忘れるようにしています。できれば少し遠方の金融機関がいいでしょう。

幸い、私の過去には、身に余るお給料をいただいていた時代があり、そのときも幼い頃からの習性が功を奏したのか、大した力みもなく貯蓄ができていました。なぜなら、私はきっとセレブな高齢者にはなれないだろう、とその頃から予感していたのです。自分の能力や性情は、早くから嫌というほど思い知らされてきました。普通の人ができることでも、ほとんどのことはうまくできなかった。それでも生きていかねばならない。それが私の実像です。

いやぁ長生きはしたくないものです（笑）。逆説的で恐縮ですが、私にとって、長寿はお金がかかってしょうがない。第一、私は74歳まで生きることを予測していませんでした。その証拠に、先に申し上げたように、40歳頃、個人年金を掛けたとき、60歳から70歳まで受け取るように設定していたのです。ところが、あれ？　この命まだ終わりそうもない。この先、個人年金が受け取れない？　絶望的でした。結果、公的年金の月4万円ほどで暮らすことになったのです。

しかし、私はどうもお金持ちというのが、性に合わない。裕福になりたいと願ったこともほとんどないのです。バブル期直前の頃、ちょうど時代の波に乗った美術商の役職級の地位に就いて高給取りになったときも、とっかえひっかえ洋服を買って、老舗割烹巡りをする、そんなぜいたくを続けていてはマズイと思ったほどです。結局貧乏性だったわけですね。

仕事を辞めた理由

かつて私は京都の日本画の画廊に勤務していました。入社1年後、現代陶芸ギャラリーが新設され、私はそこに配属されました。伝統工芸の都、しかも清水焼の本拠地での現代陶芸ギャラリーは、当時としては画期的な画廊であり、活躍中の作家たちから直接話を聞けるという点でも、自分の判断で作品の買いつけができるという点でも十分刺激的な職業でありました。

しかし芸術品は大きなお金が絡む商売です。それは当然のことであっても、役人の家庭に生まれ、商業中心都市とは違う環境で育った私には、売買に励みながらも商いを一生の仕事にすることはできそうもないと思っていたようです。

そう決めていたかのように職から離れることになりました。

画廊を30代半ばで退職した私は、東京の美術館で働くことになりましたが、画廊時代に比べれば3分の1程度の減収になり、貧しさに直撃されました。これまで貯めてきた預貯金はあくまでも老後のものであって、あるとは思っていないほど使う気にはなれませんでしたし、どのくらいあるかも正確には知ろうとはしなかったのです。

それでも給料で食べていくというのが私のポリシーであり、懸命の節約生活でした。そのうえ貯蓄は私の習性、あるいは悪癖？ですから、貧しい中、わずかでも貯めることを怠れませんでした。いくら貯まったか知ろうともせず、ひたすらチビチビ続けるだけでした。お金が嫌いな私の、それがお金と私との、暗黙の関係です。

結局45歳で正社員の仕事から離れることになり、ますます節約は必須になりましたが…。

節度こそが「自由」を生む？

なぜ、私は貧乏なのでしょう。なぜお金嫌いで、ケチなほどの節約家なのでしょう。それは、「節約」という限定された枠の中で叶う自由を楽しむためです。

ひとり身の醍醐味は自由にありますが、それはお金持ちになって、どこへでも旅行ができたり、高級品が買える自由でなく、私の場合は生きる上で必要不可欠なだけの衣食住生活の中での自由なのです。なぜなら、非才な私の内的・物理的生活は、ごく限られた範疇でしかやりくりできないからです。「ひとりで生きたい」という願望を最大限叶えるためには、ひとりでできる範囲内のことをするしかないでしょう。枠で囲めば、自由への探索は案外、それなりの達成感も与えてくれるものです。そこには意外な満足感もあります。

限られた暮らしの中で豊かさを求める。そんなふうに生きてきたので、お金がないことに嘆きはないのです。そして誰とも比較はしない、自分のことだけ。これこそが自由です。

そんな自由人としてのエピソードを紹介します。若い頃、一度高原のログハウスに泊まったことがあり、庭のテラスで朝食をとりました。といっても節約家の私が用意したのは、前日に無人の露店で買った野菜と卵くらい。でも、かぶりついたキュウリが口中に飛沫を広げた特大の美味は、高原の瑞々しさを飲み干すような爽快さでした。

1本100円もしない安価な野菜から、朝の壮大な爽やかさを体感した瞬間であり、大袈裟ながらも、その後の人生を生き抜くためのメッセージだったと思っています。50年もたった今でも、朝露を食むようなキュウリの味覚を思い浮かべ、朝食を楽しみに起床します。おかげで、眠れぬ夜はあっても起きられない朝はないことを幸運に思います。

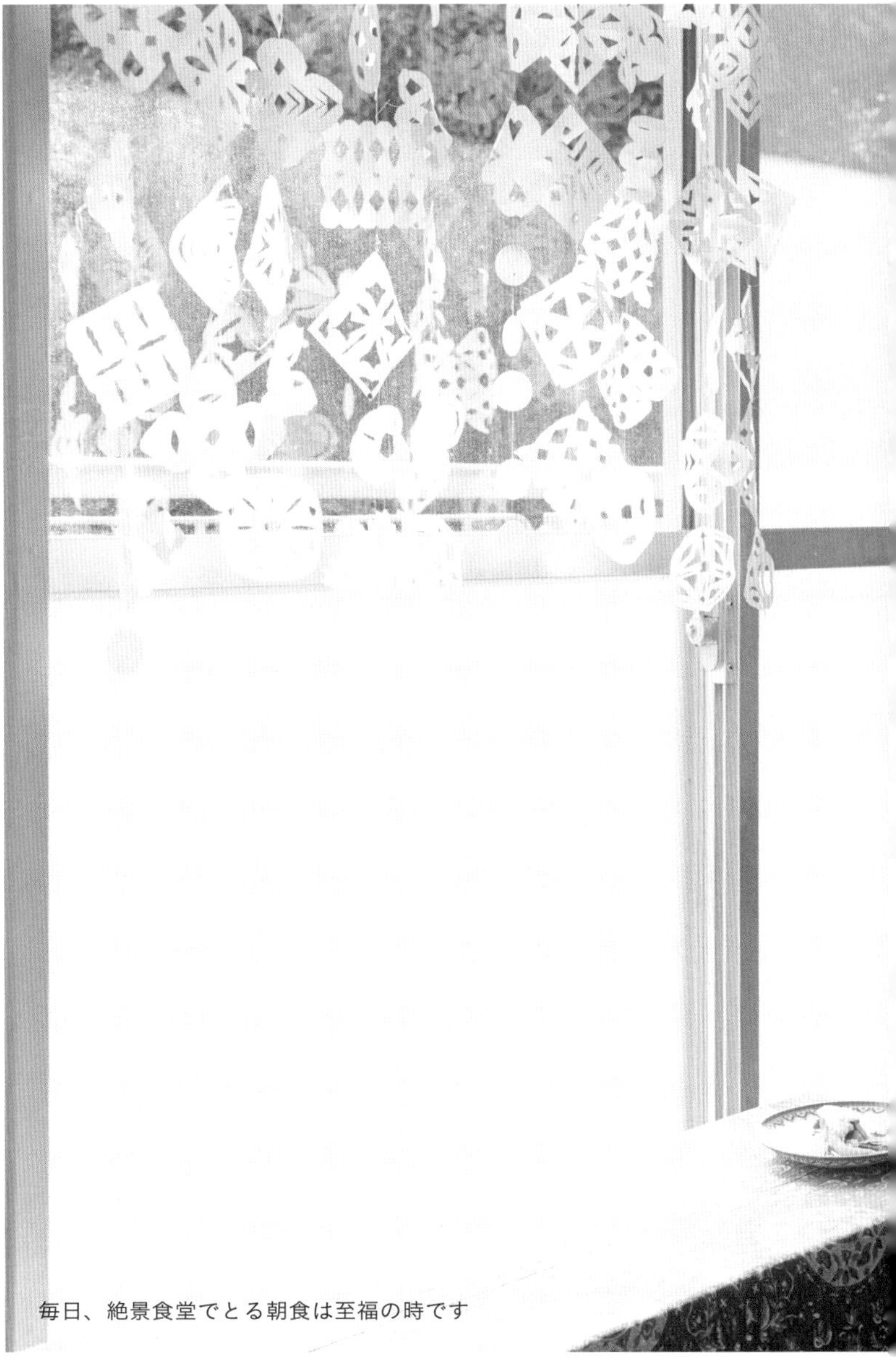

毎日、絶景食堂でとる朝食は至福の時です

お片づけや捨てる話題がなぜ流行するのか

お金があれば、人はなにかしら買ってしまいます。貯蓄や寄付をする人もいるでしょうが、ほとんどの場合、まずは自分のものを買った後で、余裕ができれば施すのではないでしょうか。それが自然です。

買うものは大半が衣食住に関係するものでしょう。他に大なり小なりの資産運用もありますが、まずは、身辺をもので満たすことが優先です。

現代日本を飛び交う情報のなかで、ゴミ屋敷や、お片づけや、捨てる話題のなんと多いこと…。このものによる飽和状態は、文字通り社会問題ですね。どうして人は緊急を要するもの以外のものを買いたがるのか。買う瞬間の「快楽感」だと私は思います。迷ったとしても、財布からお金を出し、ものを受け取るまさにその瞬間！　しかし瞬間だけです。もう一度あるとしたら、家に帰って包みを開いてものと向き合ったその瞬間だけです。着たり、食べたり、飾ったりするときもいい気分でしょうが、受け取ったときの恍惚感に勝るものはないでしょう。その後感動は衰退の一途をたどり、人はあの恍惚感をもう一度味わいたいために、次のものへと手を伸ばすのです…。マンガや雑誌など、何度か楽しめるものでも、やがては新作を求めるでしょう。

気がつけば、家にはものが増えるばかり。使いもしないものが増えてクローゼットがパンパン。こうなると、「さて、どうやって片づけよう」と、今度はノウハウ情報をあさる人が増えるのは容易に想像がつきます。

このような物欲を根こそぎ絶つ最強な方策が、貧乏です。ばかな！　そう思うかもしれません。いいえ、人は貧乏を演じることができます。演じると言っても人に対してお金を求めるようなお芝居をするのではなく、自分で自身は貧しい者だと考えること。質素に生きようと決断することなのです。

しかし、実際には難しいでしょう。本当にお金がない状態でなければ、無理かもしれませんし、人の目を気にする性格の方はもっと無理です。しかし人の目を気にしないで生きる方法もなくはありません。

私の場合は、幼少期に受けたいじめによって味わった疎外感と、中高生時代の成績劣等による転校によって、当時から自己世界を確立（かどうかは怪しいですが）していました。こういった個人的な体験は人さまのよき例にはなりませんが、とにかく自分は人とは違うのだという自覚が、それなら違う選択をして、オリジナルの生活をしようという思いに至らせたのです。

私は多くの人と交流することがあまりなく、情報交換が少ないために、自分ひとりで思いついたことを、ともかくやってみることを生活の基本にしています。行動あるのみです。

新しいものが必要になったら、お金を使うことは「まず考えない」。あるものから出せばいい。そこで知恵を絞り出せば、たいていのことはなんとかなるものです。

たとえば新しい服が欲しければ、あまり着ない服をリメイクすれば生まれ変わるし、寝室の電灯がまぶしかったら、せいろのフタをはめ込んで、編んだ竹の隙間から星のように漏れる灯をアラビアンナイトの世界のように鑑賞します。

貧しければ貧しい者にしか発案できない衣食住で私の生活は成り立っています。普段は、食べ物以外はほとんど買わないので、家財はわずかです。過去に、捨てに捨ててきた人生ですから、もう捨てるものもありません。

しかし気持ちは爽やかです。この家の床面のごとく。

今あるもので暮らそうと思えばこそ、ものがない生活が維持できるし、もうショッピング情報を求める必要も、粗大ゴミを出すためにお金を払ったりする必要もありません。

ない暮らしが、ある暮らしを実現する

「もの」をなるべく所有しないでおこうと思うのは、「もの」ではないものを得るためなのです。どういうことかというと、家具を退けて床面を広げるということは、より広い空間を得るということです。家具と床のどちらがいいかといえば、ほとんどの人の答えは家具かもしれません。でも私は空のような風のような空気が渡る床のほうが好きです。床もまた「もの」ではありますが、この場合の床は、より空間・空白に近いものとしてください。

たとえば私が死んだら、団地の管理会社が我が亡きがらだけでなく、所有物の処理にどれほど困るか考えると、この年で多くのものを所有する気にはとてもなれないのです。魅力的な商品サンプルを眺める時間を、後片づけタイムに回す。今はそれが私の仕事だと思っています。

最近のことですが、子ども時代から捨てないであった手紙類を押し入れの奥の段ボール箱に見つけ、ぎょっとしました。その量たるや、1000通に近かったのです。これら宛名や住所が記された手紙類を、どうしてもそのまま捨てることを憚《はばか》られた私は、その個人情報部分をハサミで切り刻んでいったのです。暇人と言えばそれまで。しかし質的にも、大いなる処分の一幕でした。

私にとっては価値のあるものでも、私が死ねば価値はなくなります。それに個人情報のかたまりですから、万が一差出人に迷惑がかかったりしないようにとの思いから取りかかったのです。その作業中ざっとではありますが、すべての書簡に私は目を通し、過去と去りし人たちの思い出に何度何十回、何百回と心ふるわせたことでしょう。捨てることで得られた意義ある数か月間でした。

唐突ですが、『徒然草』の作者の兼好法師は、花や月を題材にして深い美意識や、高い見識で有職故実を書き遺しました。

『徒然草』38段には「金は山に棄て、玉は淵に投ぐべし。利に惑ふは、すぐれて愚かなる人なり」とあります。

この段全体を訳せば、財が多いと我が身を守ることもままならず、害や煩いを招くものである。北斗星を支えるほど財を積み上げたとしても、子孫には迷惑にもなり、愚かな人の目を喜ばせる楽しみもまたつまらぬものだ。大きな車、よく肥えた馬、宝飾品も、心ある人が見れば愚かだと思うだろう。金は山に捨てて、宝玉は淵に投げ捨てればいいのだ、という意味合いです。

この段は、他の段より長文で、終始強い口調でつづられ、厳しく生きるために鋭く本音を吐いた一文だとされています。美観や詠嘆からも離れ、なお知識から得た考えではなく、本質的に兼好が持っていた血の通う、しかも近代的な評論文でしょう。

ちなみに彼が理想とした、独自の人生スタイルは、子を持つな（6段）、財産はいらない（38段）、老いも悪くない（172段）、妻を持つな（190段）です。この兼好のDNAが1000年の時を超えて私にも紛れ込んだのかもしれません。

多くの方々が、「これはどうしても持っていたい」とは思うものの、でも「生きる上の必需品とは言えない」ようなもの。それが私には不要です。大して必要でないものはいらないというのは、当たり前のようでもありますが、人にはそれぞれの理想があるので、案外「必需品ではないけれど、あれは持ってみたい」と思うものがあるはずです。また、理想とまではいかなくても、できるだけ体裁のよい生活をしたいと、ほとんどの人が考えていると思います。

私は、そのあたりがどうも違うようです。たとえば衣食住を例にとるとしましょう。衣類なら、時々新調するのが、大雑把に言って普通ですよね。でも、私はそれをしません。

また、多くの家庭は自炊をしていても調理済み食品を使うことが多いのではないでしょうか。私は、調理そのものをなるべくしないものが好みです。素材を茹でるか、焼くだけ。できれば生のままで。なるべく包丁を入れず調味料も加えず、食材そのものの味を味わうことに興味が尽きないのです。

そして僧侶が食すような、5椀くらい入れ子の器と箸。できればそういう食事がいいと思っています。

また、日本人の多くの方が望ましく思う住まいは、より高級感のあるマンションか、戸建てではないでしょうか？　住まいこそ暮らし方と人生プランの理想が反映される場でしょう。でも私は最低限、雨露をしのげる程度の住まいで十分です。しかし、実際それに近い古くて安い団地に住んでいて、さぞ満足でしょうと思いきや、やれ虫が入ってくるだの、壁に結露がたまるだの、隙間風が入るだの、文句タラタラの自分を笑う日々ではありますが。理想に近い住まいになったことは満足しなければいけませんね。

さて、お金は誰もが必要なものです。これは私も同じです。でも、できれば必要としない生き方がないか、日々探っています。皆さん、お金が好きでしょうか。私は嫌いです。何度も繰り返しますが、なければ生きていけないという点が、どうしても好きとは言えないのです。貧しくして、生計を立てるには苦労の連続ですが、お金のないことで絶望したくもありません。

老後資金は2000万円必要だと言われて久しいですが、実際長生きすればするだけお金が必要になってきます。この金額の膨大さは、考えたくはありませんが、しかし、どうにもならなくなれば、身の丈に合った晩年に耐えなければならないのです。その覚悟をしなければいけないでしょうね。

お金なんて嫌い嫌いと言いながら、今の暮らし方に集中して、ちょっぴりお金のことに気を配りつつ、しかしお金とは違う日々の小さな喜びを見つけて生きていきたいです。

第5章
お金はかけないセンスある「チープシック」

安くておしゃれなチープシックって？

おしゃれは、お金をかけなければできないものではありません。値札をつけて出歩くわけではないので、一つ見た目の演出を試みてみてはいかがでしょう。私は20歳の頃、「チープシック」という言葉を知りました。わかりやすく言うならば、「品のよい安物」。お金をかけずにおしゃれを楽しむとして、１９７０年頃に提言されました。それ以来、これが私の服装のテーマです。

実際、20歳のときの服を今でも着ているほどです。これを実現するためには、衣服は非流行、反流行をとり入れることが重要です。ブティックで、憧れの人が着ていた素敵な服を見つけても、トレンドのデザインや、ブランド品に目が奪われそうになっても、足早にそこをスルーして「それ以上」の服を探すのです。それは、自分だけが着こなせる服です。それには感性が問われますので、自分で自分自身が見えていないと探しにくいでしょう。「それ以上」を探すことは、センス磨きと自己表現の実験現場かもしれません。

探すべきは、第一にありふれていないもの。できれば装飾過多ではなく、落ち着いた色合いで、素材感が生きている服。でも私の場合、いちばん大事にしてきたのは、「一生着られそう」な服選びです。成人式の晴れ着の代わりに買ってもらったハーフコートは、とくに長く着ることを意識した最初の服選びでした。時代を超えて着るのだからこそ、今流行しているスタイルやデザインではなく、どの時代にも着られてきた基本的な形で、ベーシックな色を選んだのです。そういう意味で、「流行には敏感であれ！」です。

大事なのは素材です。高価であれば、だいたい外れがありません。しかし安くても、たまたまいい繊維だったり、とても上質に見える生地も見つかるものです。安かろう、悪くもなかろう。ここが服選びのテクニック。そしてチープシックの肝ですね。

では、うっかり衝動買いし、めったに着ない服はどうするのかと言えば、リメイクにチャレンジし、一部を変えるなどして、着られるようにします。また、母のお古で地味すぎて着なかったワンピースも、帽子についていたコサージュを外して襟元に留め、平凡なベルトバックルを取ってリボン結びにしてみたりすると蘇ることも。新調できなくても、こんなふうに今あるもので創意工夫して着回しをしても、新鮮な装いを楽しめると思います。

チープシックは洋服以外でも言えます。たとえば、切り干し大根であれ、お豆腐であれ、気に入った器に体裁よく盛れば、おいしそうに見せられるでしょう？　100円ショップにも、気の利いたデザインの小物が出回っているものです。安物のオーナメントでも、場違いなところ（姿見のいちばん上など）に飾ってみると、センスが価格を超えます。そして高っぽく見せるためには、単独で飾ったり置いておいたりするのがいいのです。そのためにも複数を買い込まない。それを置く周辺もさっぱりと片づけてみましょう。

成人式の晴れ着の代わりに買ってもらったスーツとハーフコート。大学の卒業式に着て、今でもずっと着ています

着なくなった服はリメイク。赤い絣の着物は、袖をバッグにしたり、上下を裁断した着物はスカートに変身

普段着をパターン化。少ない服で着回し上手に

おしゃれは、多くの服を持っていればできるわけでもありません。最小限の服でやりくりするには、今持っている服をしっかり管理することです。先に述べたとおり、私はワードローブを、ジャケット、スカートやブラウスなどジャンル別にカードに書き出して管理しています。おかげで一目瞭然、パッと着回しが思い浮かぶようになっているので、外出時も慌てません。

ところで、カーディガン一枚でも、中に着るのがセーターとシャツとでは、まったく印象が違いますよね。あるいは赤いカーディガンに白いセーターを合

わせた場合と、青いシャツの場合は、完全に別の装いです。私は同系色を組み合わせることが多いのですが、あるときピンクのセーターに水色のカーディガンを、じつに上手に合わせていた人を見て驚きました。つまり服装は全体とのバランスが重要で、そのバランスの内訳には、着る人の髪型やアクセサリー、そしてなによりその人本体から醸し出されるものが含まれているのです。

また、ワンピース一着でもいろんな着回しができます。地味な色の無地なら、ちょっと派手めのベストも合いますし、デザイン力のあるアクセサリーにも挑戦できます。若かりし頃の私は、とにかくオリジナル性のある衣類に惹かれていたものです。当時の服もリメイクすれば、70歳を過ぎた今でも着られているわけです。老いてもまだわくわくしながら着てみるのは精神的な幼さでしょうか。

幼稚さのおかげで、服を新調しなくとも、無限のコーデが思い浮かぶようです。まさに「チープシック」のなせる業です。

チープシックな着回し例

タートルネックとカーディガンのアンサンブルです

20歳の頃に母が手編みしたベストをハイネックセーターに合わせて

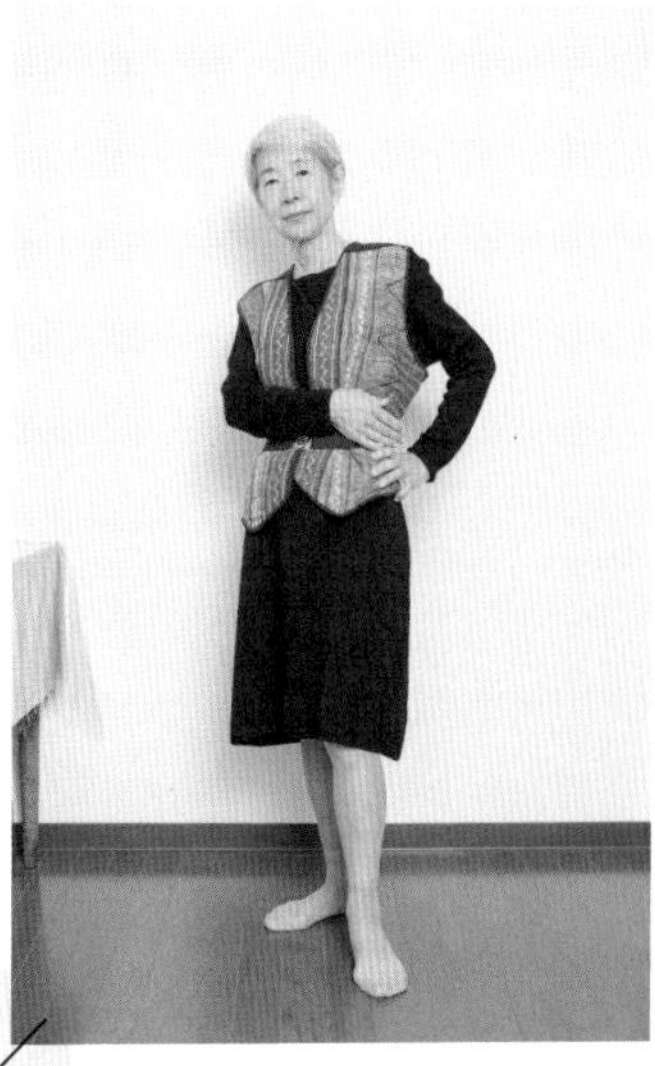

シックなワンピースには、鮮やかなベストが合います

ファイバーアーティスト(織物作家)の作品も合わせられます

手づくりインテリアで暮らしに彩りを

次は、インテリアです。第2章の家具で紹介してきたように、お金をかけずに、今あるもので工夫する、ということに努めてきました。「方丈の庵好み」の私にとって、3DKの部屋は広すぎます。無用の一室を物置にしてしまわないよう、ギャラリー化することにしました。といっても高価なものはなく、珍奇な品々が展示してあります。家族が遺したものも飾りました。ギャラリーとは、非日常的空間、あるいは別世界的な場だと思っています。この「ワタシギャラリー」に中近東のアイテムが多いのは、現代日本の装飾文化の中で、私がイスラム系にもっとも異国情緒を感じているからです。

たとえば、エキゾチックでアンティークなブレスレットとイヤリングを組み合わせて壁飾りにしてみました。これらは装身具として買ったというより、美術品として手に入れたものです。さらに、イヤリングのもう片方は、居間の照明器具に取りつけるなどしてみました。こういったことは、考えてみれば考えるほど、アイデアは無限に生まれるものです。

また、大胆な刺繍のあるインド製のロングスカートは、ウエスト部分を切り取り脇の縫い目をほどいて、ベンチカバーに用いていますし、着古しのフレアスカートは、ハンガーに掛けた洋服カバーになりました。

そんな中での最高傑作は、レースをかけたチェストまがい。じつはこれ、上半分を失ったタンスの引き出しなのです。かつて小さなアパートに越したとき、どこからも運び入れることのできなかった大ダンスの一部を、気前よく処分してしまった後の引き出し部分です。

ケチが売りの自宅には、他に大した家具もなく、どれも古いあり合わせ品ですが、気分に合わせて模様替えができ、好きなように暮らせるのがおひとりさまの特権かもしれませんね。

アイデア満載の「ワタシギャラリー」

インド刺繍のあるロングスカートをほどいてベンチにかけて活用。その周りには、絵画などを置いています

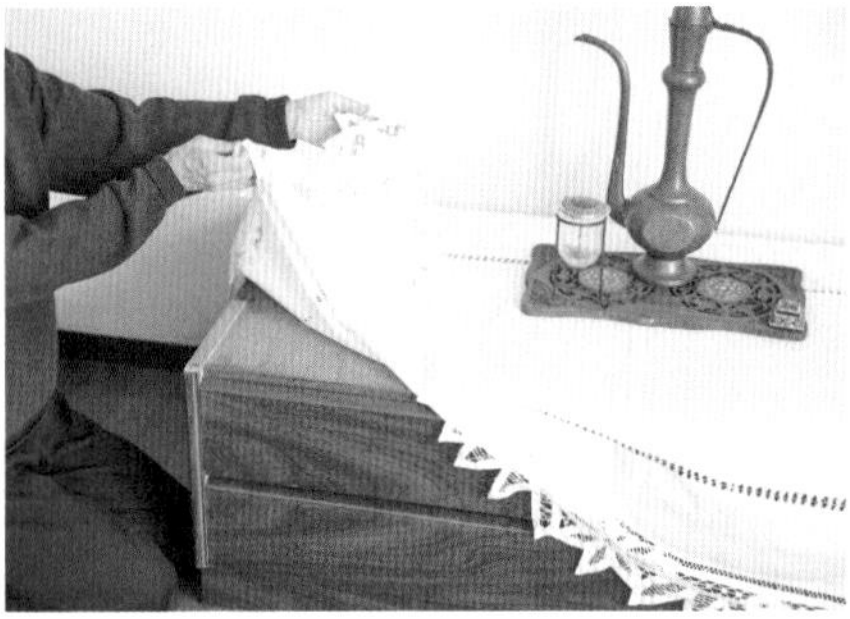

チェストまがいの引き出しは、P42でも触れた上部を処分したタンスの下部。レースをかけて、真ちゅうの水差しなどを飾っています

寝室の窓際には、竹製の小物を解体した竹棒を吊るし、タオルなどを掛けています。母がつくったフクロウのハンガーを吊るし窓飾りに

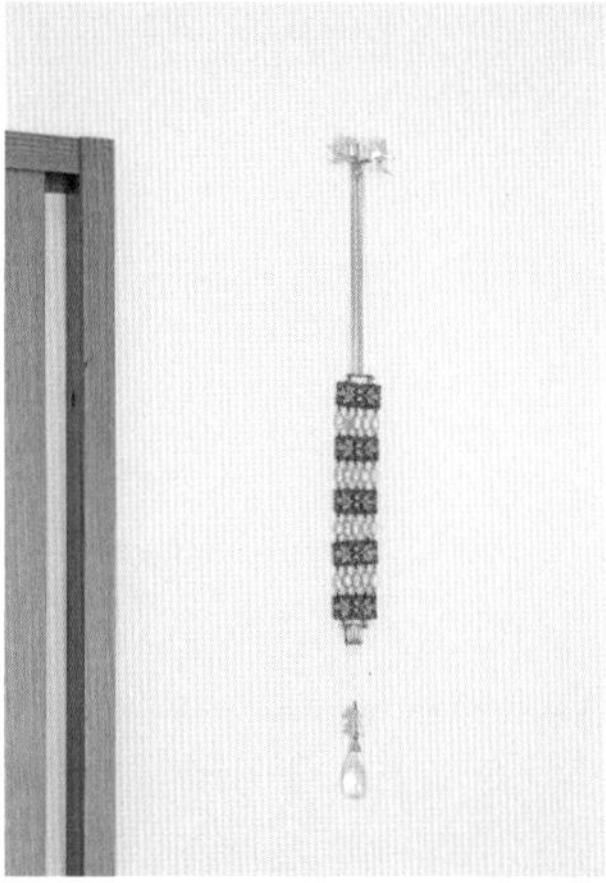

ブレスレットにイヤリングを下げて壁掛けにしてみました。あまり使わないアクセサリーも壁に飾ればこの通り

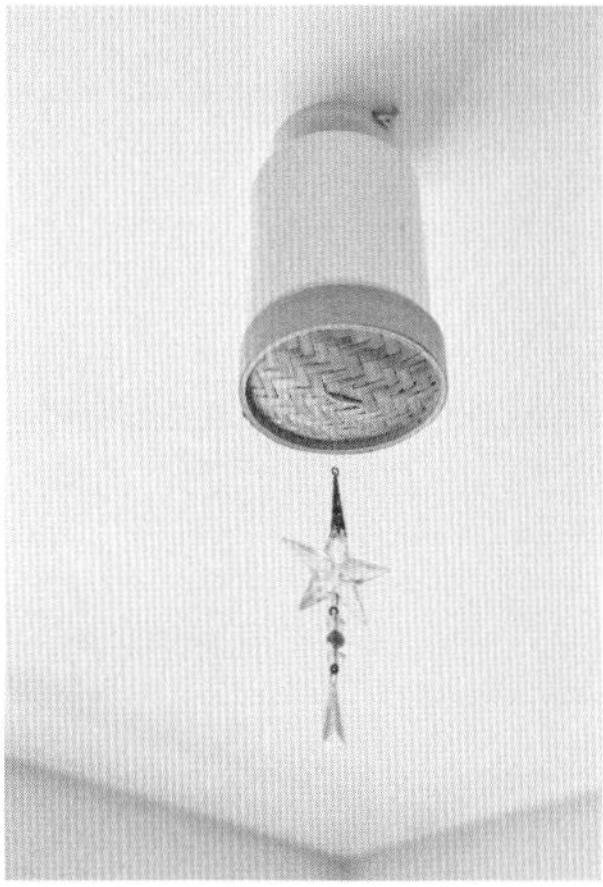

寝室の照明がまぶしかったので、せいろのフタをかぶせてみました。これがぴったり！　いい具合に光が漏れて、ロマンチック

伝統的な備前焼の「蹲」に、巻いておいた針金を挿して（いえいえぶら下げてみました）。その下に展示した現代陶芸の作品とマッチするのではと満足

お金がかからないセンスの磨き方

さて、洋服やインテリアには、センスが少なからず関係してきますが、まずは自分の好きなものを知ることが第一です。自分にとって「いいもの」「好きなもの」だけを残して暮らしていくことが、豊かになるカギだと思います。そのためには、世にある「いいもの」をたくさん見て、感性を磨き、好きを養うことが大切。ここでは感性の磨き方についてお話ししましょう。

ホテルやレストランなどの施設にあるインテリア雑貨や器など、あるいはレッドカーペットを歩くような人のドレスなどを見ると、その美しさに魅了されることが多いでしょう。私は、とくに配色に惹かれ、参考にしています。全体のイメージを決めるのも配色ですが、そのよしあしは、形とのバランスにあると思います。

文化の異なる国々も注目すべきです。たとえば、フランスのライフスタイルアドバイザーのフランソワーズ・モレシャン氏は、日本に長く暮らしておしゃれ文化について発信しています。彼女の本には、「パリっ娘は日本の若い女性のように洋服をたくさんは持っておらず、その服がベージュやグレーなどの中間色が多いのは、自身の個性を引き立てることに重きを置いているから」と書かれていました。逆にビビッドな色を主にした組み合わせは、個性を潰しがちになり、周囲とのバランスにも不調和を起こしやすいそうです。

だからといって、「パリに学べ」ではありません。風土の違い、街の成り立ち、伝統的な色彩感覚などで、当然国々に違いはあり、優劣を問うものでもありません。ただ一例として、パリは近代の都市大改造で、街路の配備や建造物の高さも整えられ、数百年を経た建物のディテール（細かい部分）や色彩も、一種の完璧さで統一されたモデル都市です。なかでも私が注目するのは、家屋の扉やカフェの軒先テントの色。くすんだ青や、渋いブルーグレーなど抑制の利いた色が目を惹き、そこに材質や塗装の品質の高さが感じられます。ものをたくさん所有することや、たくさん色を使うことが、センスの基準でないことは学ぶ価値がありそうですね。

目を肥やすには、骨董品もいいですし、美術館でも画廊でもいい。生活用品や工業製品や家具などでも一流のものを見れば、その造形美が植えつけられていきます。ファッションやインテリアに関しては、買わなくともウインドウショッピングやカタログからも十分学べます。

豊かなセンスを身につけるためには、高価な一級品を収集しようとしなくても問題なし。安価なものも知った上で、その違いを感じ取っていくことが大切だと思っています。

そのテクニックを高めるには、街行く人が着ているもの、友達が着ていたもの、ファッション雑誌に載っていたものなどを、よく観察するのも一手です。一目で惹かれても安易に「ほしい!」と思わず、「すぐに買おう!」と飛びついたりもせず、もっと他のものと比べてみたり、冷静に金額を確かめたり、今持っている服に似たものがないかなども考え合わせてみましょう。

あなたがそれを着たとき、身近な人だけでなく、たとえば年齢層や社会的立場の異なる人がどのように感じるかを想像してみると、意外にその服の価値や自分自身を客観視することができます。ちょっと自分から離れた存在の人を思い浮かべて、その人の目で眺めてみるだけでもいいのです。そういう広い視野からセンスを磨くことは、洋服に限らず、小物や雑貨、調度品や身の回りのさまざまなものにも役立つと思います。

街のポスターや看板を見て、すっきりしているなぁ〜と思うものを「なぜだろう」と考え、色の組み合わせやレイアウトなどを観察することで、センスは磨かれていくと言います。自分の好みを確かめたり、変貌させたりする上でも、トライしてみてください。たとえば周辺で偶然見つけたハイセンスなもの、あるいは旅先でレアなものに遭遇した時など、感性を磨くポイントは意外とたくさんあるもの。私もシンプルながら満足感のある暮らしのために、これからも目を惹くアレコレを参考にして心のエレガンスを養えたらいいと思っています。

少ない荷物で旅する工夫

数年にわたったコロナ騒動も一段落し、キャリーケースを手に空港ロビーを行き交う人が増えましたね。でも、私はあのケースを持っていません。

とはいえ、旅には親しんできました。50代で9回ほど、画家の足跡を訪ねてドイツを旅したことがあり、その際に『フリードリヒへの旅』（角川学芸出版）を著しましたが、旅が1か月に及んだときも、高さ60×幅40×マチ30センチのバックパックで十分まかなえました。載積量は10キロほどでした。

常に、持たないことを意識してきた私は、旅の荷物もできるだけコンパクトにしているわけです。ですから身軽に動きまわれます。ただし、衣類の少ない夏場はよくても、冬場の衣類はかさばります。

冬の旅で往復時に着用する以外、私がバッグに入れるのは、保温性の高い素材のタートルセーター2枚に薄手の一組と、ウールのスラックス1本のみです。なるべく汚さないように扱うのがコツです。次のように工夫するのも手です。

1 上下とも、毎日交互に着る。脱いだら裏返して、チェックアウトの際にバッグに詰めるまではハンガーに掛けておく

2 直接肌に当たる首などは、メッシュなど極薄のタートルアンダーウエアを下に重ねる。冬はヒートテックなどの肌着を多めに持っていく

3 肌着は毎日洗濯する。必ず寝る前に洗い、浴室乾燥で朝までに乾くようにする。念のため朝、ドライヤーなどで乾かしてからバッグに戻す

こうすることで、最小限の衣類でやりくりが可能になります。とはいえ、荷物を一つにまとめると、なにかと不便も生じるもの。そこでおすすめしたいのが、メインのバッグ以外に、2つの小さなバッグを持つことです。1つは貴重品を入れるショルダーバッグで、軽めの素材および機能的なもの。

安全のため、コートの内側や、体の前側に下げておきます。そして、もう1つは半透明でプラスチック製の小型バッグです。入れるものは、着脱することの多いカーディガンやマフラー類。機内やホテル用スリッパ、本やノート類、ミネラル水、お菓子や買い物などといった、貴重品ではないもの。スーツケースやリュックは、素早い出し入れがしにくいから、こういったバッグが役立ち、もしバッグに入らないものが出たときの助っ人にもなります。

さて、ひとり旅で重要な点は、不安材料をわずかでも持ち込まないことです。預けたバッグがもし行方不明になったりしたら、即座にパニックになってしまうので、私は全所持品を一時も身から離さないようにしました。ダウンコートを機内に持ち込む場合は、レジ袋などをポケットに入れておいて、そこに突っ込めば小さくなり、頭上棚のどこにでも入れられるでしょう。旅行中も脱いだときに便利です。

さて、旅をしてきたからには、現地の思い出となるものを頂戴することも忘れません。海外の石ころ、貝殻、木片などでも旅路には記憶に残るものは散らばっているのです。そういったささやかな記憶のかけらを宝物として、お気に入りの器に入れておけば、暮らしを彩ってくれるアイテムになるのでしょう。

リュック1つと小さな袋で行動していた当時の写真。持たずにやりくりすることもまた、旅のセンスを問われるでしょう

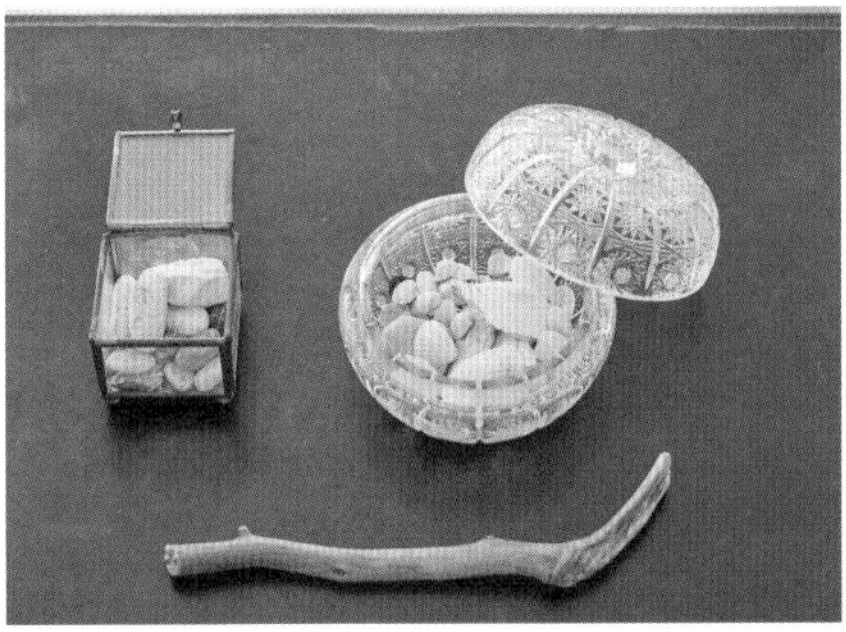

旅先で手に入れた小石の貝殻や木片のひとつひとつに採取場所と日付を記して保管しています

たまの外食こそ極上の娯楽タイム

私が暮らしの中でなにを楽しみに生きているかと問われたら、食事だと答えます。あまり平凡ではありたくない私でも、人並みに、食の楽しみは大きいものです。とはいえ、私は料理下手です。正直に言えば、一般的な料理に関心が向かないのです。

やはり人並みであることへの反発でしょうか。エプロンをして、レシピを見ながら、多種の食材と調理道具を並べ、先に煮たものを揚げたり、他の食材と混ぜたり、合わせ調味料やソースをつくったり、分量をしっかり測ったり…、70余年生きて一度もお手本通りに料理をしたことがないのです。もし料理に興味を持ったりすれば、料理のためにお金を使うことになり、食材ぞろえに散財するかもしれませんから。

おそらく、私は人につくってもらうものだと思っているのです。しかし、お抱えシェフでも雇えない限り、そういうわけにはいきません。ですから、ほとんど毎食自炊をしてはいますが、第3章で紹介した永遠のひと鍋料理のような、自己流で手間のかからない食事になるのです。

そんな私は、たまの外食が好きです。節約を旨としていても、月に2〜3度のランチならそれほど負担になりません。たとえば、近所で廃校になった小学校の教室カフェなど特異な食堂や、有名店が入る近隣のビル内の100円で飲めるコーヒーや450円のカレーライスを手づくり販売するフードコートなど。そういう場所でリフレッシュするのが好きです。

第**6**章

「おひとりさま」でいることの覚悟

友達は、いざというときは必要。でも、あまりいらない

ひとり暮らしこそ、友達の存在が大事。昨今、増える単身の高齢者にそう呼びかけられることも増えました。ですが、私の場合は逆です。驚かれるかもしれませんが、むしろ友達とはほとんど離ればなれになりました。

それでも、心が通じ合う数少ない友達はいます。でも頻繁に会うような友達はいません。一定の距離感が大事であって、べったりする相手はいらないからです。それに私の場合は、交際費をゼロにするということを日々のルールにしているので、自然とひとり行動をするようになっています。

友達がいないことは、究極の節約術でもあります。ひとりで自分の生活をつ

くり上げていく、この孤独の「ケチカロジー」こそ、交際費のゼロ化を目指す最強の方策です。もちろん私も「友達のありがたさ」を知っています。ケチカロジーなどよりずっと勝った宝物は、友達なのです。災害時には国際的規模による〝トモダチ作戦〟というのもありました。そんな特殊な例でなくても、ご近所や親しい人の助けによって命を救われた例は山ほどあります。でも、その目的のために友達を大事にするというのは、本末転倒ではないでしょうか？

ひとりはさみしいと感じる人も多いと思いますが、ひとり身ほどの自由はないでしょう。65歳のとき、二度と働かないぞと決意した私は、わずかな年金ともっとわずかな貯蓄を取り崩して生計をつないできました。そして孤独な時間を得て、自由をフル活用し続けています。なお友達付き合いを減らした後は、ひとりで遊ぶことのおもしろさや、ひとりで生きるための、少なくとも精神的な力を得たように思っています。

老後の自分を支えてくれるのは友達？

もう少し「友達」について考えてみます。

小中学生にとっては、なんといっても友達が重要ですね。しかし問題が起きやすいのもこの年齢ならでは。どうしても良好な友達付き合いをしなければ、学校生活の半分以上は成り立たない。しかし子どもだからといって、誰もが良好な関係をつくれるわけでもないようです。若者には若者の苦闘があるのです。

そして社会に出ると、組織内での友好関係が重要になります。しかし職場は学校とは異なって、働くために自ら選んだ境遇ですから、時には仕事上の人間関係問題が発生しても、多くの場合、友情より仕事が本位になるでしょう。

さて、退職後の友達はどうでしょうか。退職して、縁が遠のき、さみしい思いをしている方々もいらっしゃるようですが、逆にしがらみから解かれてせいせいしている方も多いかもしれませんね。私の場合は後者です。思いがけず得られた清々しさでした。

そんなことはないとお思いの方でも、退職後の友達関係はゆるやかであり、積極的に友達を持つ持たないは自由という点においては納得いただけると思います。そしてあまり積極的になれない人も、少数派ながら存在することを知ってほしいと思います。

だからといって、友達をないがしろにしているわけではないのです。

私は、友達のことを考えるとき、不謹慎ながら熱中症対策としてのエアコン使用を思い浮かべます。数年前の一時期は電力不足に陥らないようにとの省エネ対策で、「28度以上の設定」推進から、近年は猛暑のため、「エアコンを使いましょう」作戦に変わり、病院に搬送された高齢者が「エアコンはあっても使っていなかった」と報道されることもしばしばでした。

しかし、私はエアコンや扇風機の風そのものが、体調を悪化させる体質で、扇風機の場合でも少し体を避けて稼働させるものの、どうしてもエアコンを使うことができないのです。酷暑の日はそれでも報道を思い出して数分間つけました。あるいは、長時間過ごさない部屋にだけつけて、クーラーなしの部屋からありの部屋へ、時々涼みに行ったりしました。同じことがなんと「友達」にも当てはまるのです。

使わなくてもエアコンを取りつけているように、今いる友達は大事にしていると思います。しかし一日中エアコンを作動させられないように、友達も頻繁には会えないのです。どちらも大事であればこそ、逆に重荷となったり、接触しすぎるといろいろと悩むことも出てきます。

エアコンにしても交際にしても、それを抑制するのは、もしかしたら私には金銭的な制御が利きすぎているからかもしれませんね。その証拠として、複数の仲間に加わることが重圧でありながら、不思議なことに、そのとき皆で撮った写真を見て、仰天するのも事実です。あまりに嬉しそうな顔に写っているからです。それはつくり笑いではない、心からの喜びを表しているからです。

なんだか矛盾そのものですが。そのくらい「友達」は、私にとって偉大な存在なのです。

ひとり好きの長所と欠点

ひとりで暮らしていると、急病になったらどうしよう、と不安になることがあります。幸い、高齢者向けの部屋に住んでいるので、ボタン一つで救急時の助けを求めるシステムがあります。それでも、災害時には、どうしたらいいか、その備えはなにが必要かということについてよく考えます。

非常食やラジオや懐中電灯は必需品です。備蓄用の水は足りているか。常備薬も補っておかなければなどなど…非常時に協力者のいない単身者であればこそ、十分すぎるほどの備えが必要になってきます。

でも、考えてみると、ひとり分だけそろえればいいので、自分に必要なものが準備しやすいはずです。情報を会得しながらも、自分に合った備えを、なるべく人さまの迷惑にならないよう工夫して用意したいものです。

私は、寝室の押し入れのほぼ半分を非常用食品と衣類収納に充てています。水と缶詰類、コンロやボンベなど燃料類、薬品、持ち出しリュックやバッグ。そして入院用のバッグ。すぐに取り出せるところに懐中電灯やラジオなどです。大事なことは、それらを時々点検することです。とくに水や缶詰、レトルト食品の消費期限を確かめるためです。取り出してみることで、不要なものや加えるものにも気がつくことができるだけでなく、ローリングに役立ち、その日のおかずになったりします。

それでもおひとりさまは、ひとり合点になりやすいので、災害情報に敏感になること。そして日々適度な運動や食事にも、十分すぎるほど気を遣う必要はあります。誰かを助けられるときは率先して手助けし、いざ自分が不安やストレスを感じたときは、身近な人の中に飛び込む勇気も持っておきたいものです。

自然との友愛から得られる「幸福感」

私の住まいは集合住宅で、裏側にあたるベランダのある南面が林に面しています。地面は野原で、時に、地上階のベランダの高さまで草が伸び、一面緑の海原となります。風にひるがえって波立ち、都会暮らしの長かった私には目を見張る美しさです。管理会社によって定期的な草刈りが行われますので、野放図ではなく、草刈り後の野原もまた爽やかです。

いつであったか大雨の降った日に、なんらかの理由で雨水がはけず、夜に大きな月が水面に浮かび驚きました。灯火のなかった時代も、このような暗夜の月を愛でたのだろうと、しばしベランダを離れることができないでいたこともありました。周辺の部屋が留守中だったり、寝静まった夜の時間帯には、どこからも漏れる明かりがなく、月光がベランダを濡らすように見えることもありました。

その野原の奥は、高さ5メートルほどの堤へ続く斜面があり、高々とした雑木林に至ります。林の王者は大楠で、私の部屋の正面奥地に梢を広げています。四季を問わず濃い緑を、ちょうどブロッコリーほどの緻密さを呈す雄大な大楠は、なにも語りはしないのに、たとえば父親のような頼もしい存在であり、手前に、若草色のしなやかな葉を繁茂させる若木のたおやかさからは、優しさに満ちた人の心根を感じ取ることができるのです。林間には散歩できる野路もあり、時々散歩する人を見かけますが、夜は深山幽谷の趣を醸します。

私は、この一室を最初に下見に来たとき、部屋のすぐ間近まで迫るこの樹林に心打たれ、一目で入居を決めました。以降一日のほとんどを南向きの部屋で過ごす私は、いつもこの林と向き合い、語らい、あるいはその風景を視野に感じ取りながら動き回り、その「気」を吸収しながら生活しています。

ベランダから見えるのは一面緑の海原です

おひとりさまは時間の使い方もケチでした

おひとりさまでケチじょうずの私は、時間の使い方もケチです。時間にケチというのは、もったいなくてなにかせずにはいられない性分で、常になにかをしながら過ごしています。

すでに年金暮らしで、稽古事もしていないので、仕事はほぼ家事だけ。そこには休息時間も設定しています。休息といえど、お茶一杯で喉をうるおしたり、ちょっと目を閉じたりするだけです。昼寝ができないので、突っ伏して目をつぶっても100数えないうちに顔を上げてしまいます。体のあちこちが痛み始めた最近は200まで数えるよう、心の手で頭を押さえて「休め！」を義務づけています。

さて、私がいそしむ家事とは？　ひとり暮らしですから、のんびり過ごせばいいはずです。それができないのは、おそらく家事が趣味になっているからだと思います。でも得意な家事は、掃除や洗濯や料理でありません。それらも最低限は行いますが、私にとってあまりおもしろ味のない家事であり、ほかにおもしろい家事があるからです。

おもしろい家事とは、「細かな整頓」です。そして私は家の中を動き回るのが好きです。部屋のちょっとした片隅を、変化させてみるのが好きなのです。これが飾り物か？というようなものを目立たないように置くのも好きです。たとえばハンギングプランターのネットに、植木鉢ではなくカゴを入れて小物入れにしたりしています。「永遠のアレンジメント」ですね。

そのように生活に工夫を重ねることだけで、私の日々の時間は満杯なのです。

自然と触れ合う散歩や、図書館通いも日課です。交通費や書籍代が浮きます。

その他、歯磨きにも時間をかけていて、一日5回、歯間ブラシや舌ブラシも併用しているほどです。

そんなことに時間を使いながら暮らしていますが、たまに公的機関などからの思いがけない問い合わせなどが飛び込んできて、緊張が走ることもあります。苦手なことへの対応は、なによりも「遅れない」ということですね。すぐに着手し、夜や明日に持ち越さないのが、後でのんびりするための鉄則です。余裕があれば、間違えがないか見直すこともできますものね。

外出時の乗車時間や、人との待ち合わせも、私は早めです。旅先などで桁違いに早く到着しても、そのときこそ空白時間を楽しむことができると考えます。旅の興奮を静めること。心を真っさらにして、自然と湧き上がる旅の喜びを味わうのです。

そんなケチじょうずの時間術でした。

外出準備は時間に余裕を持ちます

健康でい続けるための3つの習慣

健康の三大要素は、睡眠、栄養、運動と言われています。私も日々それを忘れないように心がけ、日課として実行することが大事だと思っています。そんな私なりに意識している習慣をご紹介します。

・睡眠

じつは私は睡眠には自信がありません。その理由は、古い団地は防音設備ができていないため、周囲の部屋の物音がダイレクトに伝わり、棟内にその音が回ります。私には、どこから聞こえるのかキャッチすることができません。なお、同居の家族でもいれば、多少なりともよその音に対して気が紛れるのでしょうが、ひとり者の古住宅は、睡眠にとって最大の難所かもしれません。

睡眠のよしあしは、翌日の体調にも影響します。

少しでもよい睡眠がとれるよう、朝の光を15分は浴びる習慣。ゆったり、ぬるめのバスタイム、就寝前の無食などに精いっぱい気をつけています。

・栄養
食事のメニューは、栄養本位で決めています。私はこれをしっかり守っています。時季的におでんが食べたくなったり、冷や麦が食べたくなったりして、季節の到来を胃袋が感じていることに気がつくことはありますが、好き嫌いもなく、昨日も食べたけれど今日もまたどうしてもあれが食べたいという偏りもあまりないので助かります。

また、手の込んだ料理をするために必要な食材を全品買いそろえることができにくい経済状態もあって、簡素ながら、肉や魚からのタンパク質に野菜や卵などのビタミン、海藻類などのミネラル、オメガ3や6の良質脂質に乾物などから食物繊維など、いっぺんに摂れなくても、昨日今日の食べ物を思い出して欠けた栄養素をできるだけ摂取するようにしています。

でも、たまには羽目を外すことも大事ですね。

・運動

運動は…大の苦手です。手も足も出ません。長年、10キロほどの長歩きを励行してきましたが、最近は2〜3キロしか歩けなくなりました。翌日足腰がひどく痛むようになったので、年齢を考えて無理はしないようにしています。

在宅時は、なるべく動き回るようにしています。周辺を片づけたり、こまめに床を拭いたり、また外したり掛けたりする眼鏡や、よく使うメモ帳やハサミや爪切りやハンドクリームなども、またすぐ使うからといって手近には置かないで、使ったら所定の位置に戻し、使うときに歩いて取りに行くよう心がけています。

夜のくつろぎタイムに、思い出したように軽いストレッチ運動をすることがあります。じっとしている時間が長引いたときや、たまに元気を持て余しているときは、ラジオ体操のようなことで体をほぐしています。

日本人は世界の中でも、座っている時間がとても長い国民だそうです。たとえば江戸時代、ヨーロッパでは立って読書をする机を用いていたのに、日本の武士は畳にべったり。それを思い起こすたび私は椅子を離れ、立ったままテレビを見たりしています。

とにかく、なんといっても姿勢が大事で、よくない姿勢は、脚にも喉にも悪い影響を与えることを知りました。併せて心の姿勢もなんとかしたいものです。

いざというときの「備え」

最近、耳にする〝孤独死〟。もしくは、近年の異常気象には、危機感を持っています。どちらも他人事ではありません。時代が一つの文明の極みにきたような今、おひとりさまにとっては忍び寄る足音の予感でもあります。でも悲壮になることはありません。

いざというときのために、東京都から取り寄せた終活手帳には、あれこれ書き記していますし、防災への備えも万全に行っています。

有事のとき、1人が困ればみんなが困る。1人が益をもたらせば皆の一助になる、かもしれませんから。これがおひとりさまの自覚でもあります。

東京都から取り寄せた「わたしの思い手帳」。これを終活ノートとして必要なことを書き記しています

第7章

これからも豊かな人生を歩むために

若い頃よりも今のほうが楽しい理由

若い頃も、楽しいことはたくさんありました。その都度、「今が最高！」と凱歌を上げた記憶もあります。生きることはつらいことが多いので、私の場合、嬉しかったときは大袈裟でも喜ぶように仕向けてきたように思います。

そして今も楽しさ真っ最中です。65歳で、すべての職業と職場から自分を切り離して以来、どんなに節約を強いられても、二度と働きには出ないと決めたからです。解放感でいっぱいでした。そこへ数年前、すでに期待もしなくなっていた執筆作業がもたらされ、その結果こともあろうに、70歳に手が届く年になって、「節約志向」のテーマが多くのメディアに紹介されるようになりました。

執筆を仕事にすることは、若い頃、いいえ幼い頃からの憧れでした。その夢を細々とつなげ、雑誌への寄稿や、何冊かの著書を著してはきました。そしてそれらに対する世間的な評価をよく納得した上で、これが自分にできる最大限の仕事だったと見極め、それで十分だと思えるようになっていました。そんなときに、20年も昔に出版した『ケチじょうずー美的倹約暮らし』の改定版を出してくださるという話をいただき、私は嘘ではないかという思いに駆られたものです。そんなことがありうるのだという驚嘆と、快挙の思いでした。その結果『おひとりさまのケチじょうず』や『ケチじょうずは捨てじょうず』(いずれもビジネス社)として上梓できたときも、間違いなく「今こそ楽しさの極み」を感じたのです。

そして今回の書籍に至りました。それは過去のすべてを超える喜びです。私にとって執筆作業は、どの仕事からも得ることのできない異次元の幸福であり、夢の実現だったからです。それでも私は、もう職業としての仕事はしない。今もこの思いに変わりはありません。私は紛れもない無職の年金生活者であり、便宜上エッセイストを名乗ることはあっても、生業と思うことはないでしょう。

今になり、自分の暮らしに関する執筆の仕事が舞い込んできたことに幸福感があります

大切にしたい「自分との対話」

日記を書き始めたのは小学校低学年のときです。仲良しさんから誕生日プレゼントに鍵のかかる小型手帳をもらいました。この鍵こそ、私が日記に夢中になる〝カギ〟になったかもしれません。しかしその手帳は、中学に入る頃読み返したら、稚拙さに呆れて捨ててしまったものです。それでも日記熱は冷めやらず、中学時代も私は再び大学ノートに、日記を書き始めました。内容は、自分の思いや感情の吐露、激烈な情念に至るような、いつも人には見せられないような記述であり、その日にあった出来事を、覚え書きのように書くものではありませんでした。

大学を卒業する頃、ノートは100冊になり、分身のようにも感じていたそれらは、重なる転居のたびに紐掛けをして運んでいました。何度も読み返し、それもまた楽しい時間でした。100冊余りを捨てたのは、ある転居時に荷を激減しようとしたときです。「日記だけは捨てたくない」という思い自体が、精神的に重荷になってきた時期でもありました。これでは、いつまでも自分は過去のままで、変われないという思いだったのです。

進歩とか成長とかとは別に、私は自分の考え方や、生き方がどんどんと変わっていくことを、より望んでいたのです。

ただ、書くことはやめませんでした。「紙は辛抱強い」と日記に書き遺したのは、アンネ・フランクです。中学生の頃知ったこの言葉の意味は、当時の私にはよくわかりませんでした。しかしわからないゆえに気になり、彼女の日記に対する重要な思いだろうと感じて、忘れないでいたことも事実です。

紙がパソコンに変わったことは残念ですが、「紙（書かれる媒体）は辛抱強い」と、今の私は思っています。なにを書いても拒絶しない者への、手紙であるような気もします。アンネが日々の手帳に「キティさまへ」と冠して日記を書いていたように、私もまた誰かに向かって話しかけてきました。特定の人を想定して書いた時期もありましたが、私がもっとも正直に思いを表現できたのは、内なるもうひとりの自分だったのです。

幼少期からひとり遊びが多かっただからか、または好きだったせいで、私はいつの間にか、ごく自然にもうひとりの自分を心の中に育てていったようです。当初は、時に母親だったり、本の中の登場人物だったり、神さまになったり、まったく空想的人物になったりもしました。いずれにしても、自分以上の人格を相手として求めたのです。

ところで私は、とくに思春期の頃、人や物事に対する憧憬や空想癖が強すぎて、地に足が着かない傾向の性情でした。また感情過多で、極端な喜怒哀楽に自身が振り回された私は、それが勉強の妨げになるゆえに、家族や教師からたびたび忠告を受けました。そんなことの影響もあったかもしれません。現実遊離をいさめるためにも自身を制御できる相手を、自分自身の内につくり上げていったような気がします。

内なるもうひとりの自分と語り合う習慣は、ひとり暮らしを始めることでなお助長され、それ以来、変わることのない私の習性になったようです。

今も、常に私はワタシという名の二人です。静かなとき、「今夜はなにを食べるの？」と尋ね、「昨日の残り物になさい」と答える。「買い物に行こうかしら？」と問えば、「昨日もおとといも買いすぎているわ。およしなさい」と止める。対話は終日続き、私の中はいつも賑やかです。どうして人との会話を求めるでしょう。

しかし言葉を声にして発することや、他人を相手に意思を伝える話術は、脳の健康のために大切です。今後、私の中のワタシは、きっと繰り返し言うでしょう。「人と会話をしなさいよ！」

すべては心のエレガンスを生み落とすためです。

私を支えてくれた2つの作品

常に自分自身と対話をしてきたのと同じように、私はさまざまな形で影響を受けた文芸作品の作家たちとも、心の対話を繰り返してきたような気がします。そのことによって考えが深まり、彼らからその生き様など多くのことを学ぶことができたように思っています。最後に人生のピンチに立たされたようなとき、私を励まし、救ってきた作品を紹介したいと思います。

1　『徒然草』（兼好法師）

高校時代、古文の成績はかんばしくなかったのに、『徒然草』ほど「あとをひいた」古典はありませんでした。古文にとどまらず、中高時代に「勉強嫌いの勉強逃れ」を貫いた私が、大学まで進学した理由は、この本についての感想文を書いて、教授がたに読んでもらいたかったからです。

兼好といえば、神官の家系に生まれながら、仏教僧として生きる道を選んだ人物です。それも寺に属すような正式の僧侶ではなく隠遁者。いわば風来坊的世捨て人でした。なおそんな世捨て人でありながらも、和歌の才能や高い知見を活かして、世間とのつながりをそれなりに保って生きた人でもあります。つまり片手に自由を、片手に経済的基盤（貨幣）を握っていたのです。

そこがこの人の興味深さであり、そんな人が書いた『徒然草』のおもしろさといえるでしょう。

兼好にとって、仏教への信仰以上に関心があったのが、自分自身の考えや感じ方であり、またそれを書き留めるという作業でした。

『徒然草』には、和歌の世界の雅美や、有職故実という宮中のしきたりに関する知識、また著者のアイロニカルな機知が描かれていますが、一方で生きる上での彼自身の苦悩も正直に明かされ、必死に仏道に求める姿勢も垣間見せます。

そして、そんな自分を狂おしい思いで見つめるのが、私の出会った矛盾の魅力に満ちた兼好でした。そしてそれが、私には好ましい先人の像でもあったのです。

危うく私が高校を退学させられそうになったとき、「できない勉強を無理に続けることはない。他にも生きる道はある。手に職をつけることだって意義あることだ。だから、これからの自分がいちばんなにをしたいかよく考えてごらんなさない」と家族から言ってもらえたとき、『徒然草』をもっと深く学びたいと答えた私は、大学で『徒然草の出家論』という論文を書いて卒業できました。閉ざされていた学びの道が、私の身の幅だけでも開かれたことで、私は自分を見いだすことができたと思っています。

2 『樫の森の修道院』(C.D.フリードリヒ)

45歳のとき、私は正規雇用の職場から離れましたが、年金受給時までは稼がなければならなかったので、その後はアルバイトなどをしながら、曲がりなりにも働き続けました。それは収入面でも、それぞれの仕事を覚える上でも厳しいことはありましたが、エンドレスに続く一定の業務から放たれた、解放感だけはしっかり確保できた気がしました。であればこそ、不安定な職でも勤められたのだと思っています。

文章を書くことは子どもの頃から習慣のように続けてきたことでありましたが、正規雇用の仕事に就いていた頃より、多くの時間を書く作業に充てることができて、アルバイト生活もそれほど悪いものではありませんでした。

私が書き続けていたのは、先にも触れた日記形態の随筆です。日々、考えとして浮かんだことや、感情の流れ、また本やラジオやテレビから得た新たな知識に対する、自分なりの考えを書き留めることでした。そうしたなかで、私は自分の核となり、魂の拠り所となるようなひとつを探していたようです。これまでの体験や、過去の場面場面での心中を分析したり、老いを生きるために必要な精神上のテーマを見つけようとしていたようです。

それが確かな形になって現れ出たのが、ある日図書館で何気なく手に取って開いた、初めて見る一点の絵画でした。C.D.フリードリヒという見知らぬ画家の、『樫の森の修道院』というタイトルの見知らぬ作品で、私はその本のページを開いたまま動けなくなった59歳の春の自分を、今でも覚えています。自分が、絵と溶け合うような不思議な一体感も忘れません。廃墟を描いた絵ではありましたが、私の心のいちばん奥深い所が、その絵の中にあるという震撼するような思いでもありました。

その年の秋、私は「樫の森の修道院」へ向かいました。北ドイツに今も残る、11世紀に建てられたエルデナ修道院跡です。実際の修道院跡はフリードリヒの絵とは異なっていて、鮮やかなレンガ色の光彩を放っていました。つまり画家は、実際の遺跡よりいっそう廃れた姿で描くことで、彼自身の心を描き出したものだということも知りました。

その後私は、エルデナ修道院跡と、『樫の森の修道院』の原画を見るために、60歳過ぎまでの十数年に何度も旅を繰り返し、魂の奥まで溶かし込むようにして、自身の心を発掘しながらこの絵と共に生きるようになったのです。

フリードリヒは少年期に、スケート遊びの最中、氷の割れ目に落ち、それを救い出した弟が、はずみで氷海に沈み、弟は命を失います。このとき弟から受けた人事を超えるような無償の愛と、自分を助けるために弟の命を奪ってしまった罪の意識がクロスする複雑な愛と死への思いが、人生観や死生観につながる体験となって、その後の彼の精神を形づくりました。描いた絵もまた、この事件の消すに消せない残痕が、年とともに昇華や変転と混ざり合いながらも引き継いでいるとされています。フリードリヒは、どうしても弟の分まで生きなければならず、そうした「懸命に生き抜こうとする思い」を私は大切に思うのです。

おわりに

・これから起こることは受け入れて生きたい

私には思い描いている「理想の家」があります。

それは、将来住みたい家だとか、具体的に実現しようと思っているものではなく、思い描くことだけのために、部屋の間取り図を裏紙などに書いてきました。次第に構想が固まり、今では目をつぶっていても全室の線を引けるほどに仕上がりました。つまり建て上がったのです。

その家は、私が好きな建築物の好ましい部分を各所で取り入れながら築いた架空の家です。お金に糸目をつけない豪邸であり、もちろん全室床暖房です。庭に敷き詰めるのは白川石（細やかな白い石）にしようかしら、なんて。どんなお金持ちでも、どこかでコストの計算が入るはずですので、これ、建造不可能な空想者にしか与えられない無限大の特権です。

とくに小さくて機能的で味わいのある住まいに関心のある私は、そのことを念頭に「扉はこういうものを使ったらいいんじゃないか」「水回りはこうしてみたい」などと、よく目にする建築写真集などを見ながら間取り図を埋めていくことで、没我になれるのです。

空想であっても嘆くこともありません。これは私の自画像であり、むしろこうした画像に没頭できる喜びなのだと自覚することで、現実で起こることは、どんなことも受け入れる覚悟を培いたいのです。

命を脅かされるような多くの災害、事故、病気など。それらがいつもすぐ自分の隣にあるような気がしてならないのですが、これからも臆病なほど用心深くありたいと思います。寝る前には、必ず大地震を想定して部屋を片づけるのも続けたいルーティンです。とくに寝室のベッド周辺には、たくさんのものを置かないことです。

体力に関して語れば、近年、残念ながら私はこれまでにない老化を感じています。体のあちこちに、予兆もなかった痛みや、さまざまな症状が表れだしました。これらにできうる限りの対処をするため、落ち着いた平静心を保ちたいと思っています。用心だけが、今の私にできることだからです。

大地震の襲来など、怖さの予感から逃れるのではなく、家具などの保安は言うまでもなく、家の下敷きになるなどで息絶えるようなことが起きても、「これが私の最期」と静かに思えるような心の構えと、そんな試練にも耐えうる生き方をしたいと思っています。

これまでの人生を振り返ると、世界中のつらい思いをしながら生きている人に申し訳ないと思うほど、私は幸運だったと思います。少なくとも、肉親から受けた大いなる愛情や、家族の一人ひとりが放っていた、「文化」に匹敵するほどの強い個性に、今なお包まれていることを実感できる、至上の人生だったと思います。その自覚こそを、どんなに苦しみにも耐えることにつなげたいと思うのです。つまり今後の現実生活に、なにかを期待すること以上に、今後起こるどんな難事もただ受け入れて生きていきたいのです。

・ノートに書き残していること

近年、東京都から『わたしの思い手帳』が発行され、申請すれば無料で配布されるとのことで、私はこれを手に入れました。人によっては不要のものかもしれませんが、私はどんな手立てでも、「老いや死」に関することと日常的に接していたいのです。

『わたしの思い手帳』には、自分で書き込むノートが同封されており、「自分が大切にしてきたことは?」「今後どんなふうに過ごしたいか」「どんな医療や介護を受けたいか」「信頼できる人は誰か」「誰に看取られたいか」など、具体的な質問事項と、答えを書く余白があります。

その他に、

「いのちに対する考え方は?」

「もし、病気になったときの希望は？」

という、各自の考え方を問う二つの質問がありました。一つ目は、私にとって肉体や精神の生命は、生前だけのもので、死後は皆無であると考えています。死後の処置は楽な方法でしてもらいたい。これが私の「いのちに対する考え方」です。二つ目の「もし病気になったとき、延命治療を施してもらうか？」に関してはＮＯです。私には身寄りがなく、亡きがらの引き取り手もいないでしょう。団地の管理者に厄介になるしかないのです。そのため、できる限り家財を減らし、手数をかけないで済むようにして終わりたいと思います。

繰り返せば、病や死は恐怖そのものです。病が長引くことはさらなる恐怖です。しかし考えないことで、逃れていたくはないと思うのです。災害が起きて慌てふためくより、準備を整えることでわずかでも対処したいように、すでに老いたる我が身の病や死は、こんなノートであれ、しっかり伝えておきたいと思いました。それらはこの先の老後を、少しでも見通しのきくものにしたいからです。

最後までお読みいただき、ありがとうございました。
末筆になってしまいましたが、この本を書くに際し、熱意をもって編集にご尽力いただいた扶桑社の小野麻衣子さんと、取材協力をしていただいた浅野裕見子さんに心より御礼申し上げます。

伽藍堂にて　小笠原洋子

財布は軽く、暮らしはシンプル。
74歳、心はいつもエレガンス

発行日　2024年2月25日　初版第1刷発行

著　者　小笠原洋子
発行者　小池英彦
発行所　株式会社 扶桑社
〒105-8070
東京都港区芝浦1-1-1
浜松町ビルディング
電話　03-6368-8873(編集)
03-6368-8891(郵便室)
www.fusosha.co.jp

印刷・製本　株式会社広済堂ネクスト

ISBN978-4-594-09682-3

デザイン　葉田いづみ
DTP　ビューロー平林
校　正　小出美由規
撮　影　星亘(扶桑社)
取材協力　浅野裕見子
編　集　小野麻衣子(扶桑社)